# ドラえもん はじめての数《かぞ》え方《かた》

藤子《ふじこ》・F《エフ》・不二雄《ふじお》［まんが原《げん》作《さく》］
飯田朝子《いいだあさこ》［著《ちょ》］

小学館《しょうがくかん》

# はじめに

「1人《ひとり》」、「2匹《にひき》」、「3台《さんだい》」、「4本《よんほん》」、「5基《ごき》」――日本語《にほんご》にはたくさんの数《かぞ》え方《かた》があります。算数《さんすう》の文章題《ぶんしょうだい》にもよく出《で》てきますね。みなさんは、数《かぞ》え方《かた》を覚《おぼ》えたり使《つか》ったりするのはめんどうだと思《おも》っていますか？　それとも、いろいろあっておもしろいと思《おも》っていますか？　どうやらのび太《た》くんは、めんどうだと思《おも》っているようです。

でも、それならなぜ日本語《にほんご》にはこんなにたくさんの数《かぞ》え方《かた》があるのでしょう？　もしかしたら、数《かぞ》え方《かた》にはとても便利《べんり》な力《ちから》があるのかもしれません。もし、ものを全部《ぜんぶ》「1《ひと》つ、

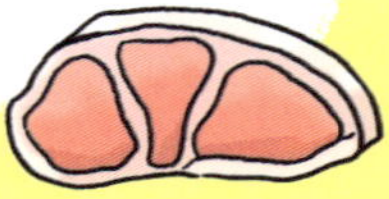

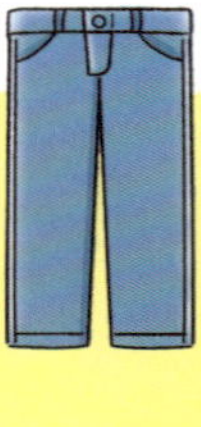

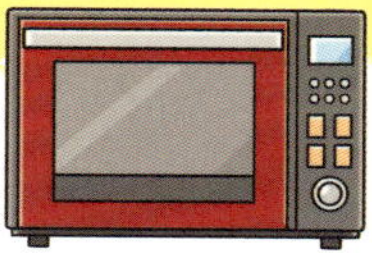

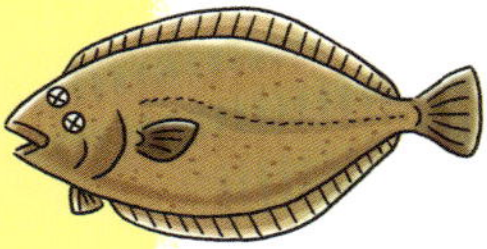

2つ《ふた》」と数《かぞ》えたら、どんなことになるでしょう？　学校《がっこう》のお友《とも》だちも、ネコも自転車《じてんしゃ》もみんな同《おな》じもののように見《み》えてしまいそうです。

これからドラえもんの案内《あんない》で日本語《にほんご》の〝数《かぞ》え方《かた》の世界《せかい》〟を探検《たんけん》しに出《で》かけます。この探検《たんけん》は、日本語《にほんご》にはどうしてたくさんの数《かぞ》え方《かた》があるのかを教《おし》えてくれます。そして数《かぞ》え方《かた》を知《し》っていると身《み》の回《まわ》りのものの見《み》え方《かた》がちがってくることにも気《き》づくはずです。この「1冊《いっさつ》」を読《よ》み終《お》えると、身《み》の回《まわ》りのものをなんでも数《かぞ》えてみたくなるかもしれませんね。さあ、いっしょに数《かぞ》え方《かた》の世界《せかい》へ出《で》かけましょう。

飯《いい》田《だ》朝《あさ》子《こ》

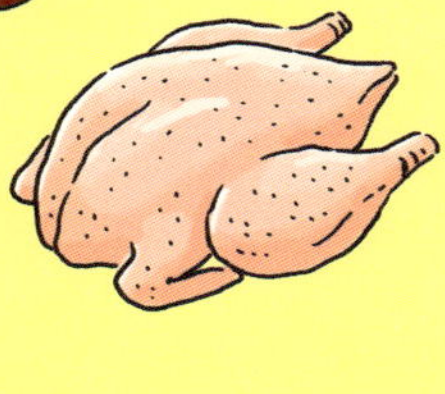

# もくじ

## 第《だい》3《さん》章《しょう》 暮《く》らしの中《なか》で数《かぞ》えてみよう



## 第《だい》4《よん》章《しょう》 外《そと》に出《で》て数《かぞ》えてみよう

※この本《ほん》で紹介《しょうかい》する数《かぞ》え方《かた》は代表的《だいひょうてき》なものです。
※「1個《いっこ》」「1箱《ひとはこ》」 など、読《よ》み方《かた》がわかるように、数字《すうじ》にもフリガナをつけました。

# 巻頭《かんとう》まんが 数《かぞ》え方《かた》ってなんだろう？

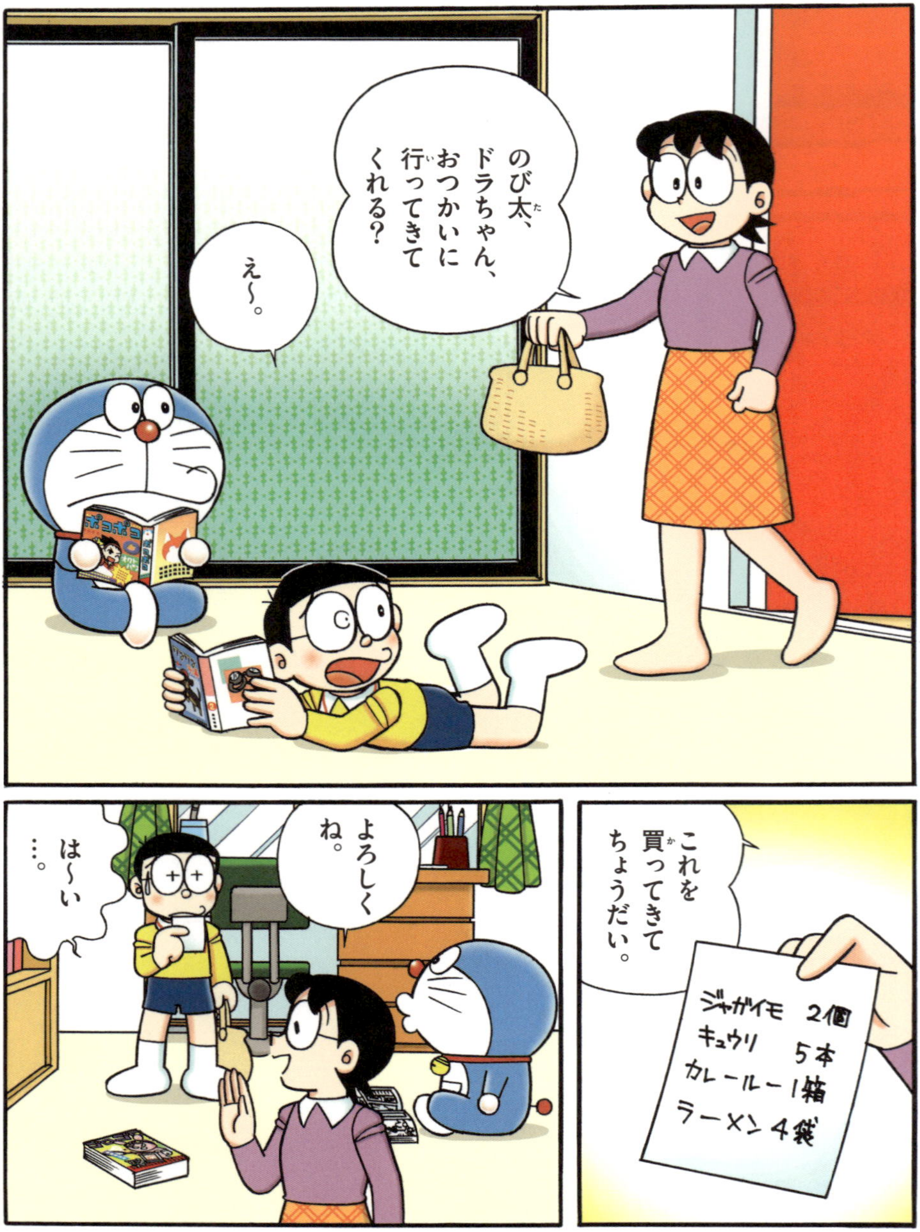
のび太《た》、ドラちゃん、おつかいに行《い》ってきてくれる？
え〜。
これを買《か》ってきてちょうだい。
ジャガイモ 2個
キュウリ 5本
カレールー 1箱
ラーメン 4袋
よろしくね。
は〜い…。

ペ
あ～あ、めんどくさい。
あっ、コラ、買《か》い物《もの》に行《い》かないとママにしかられるぞ。
ゴロン
そうそう、おつかいのごほうびにあとでチョコを1《ひと》箱《はこ》あげるわよ。
ほんとに!?
わーい！行《い》ってきまーす。
スーパージャイア
えーっと、なにを買《か》うんだっけ？
な、ない。
ない!!
うちにメモを忘《わす》れた～!!
まったくもう。

しようがないなあ。
「とりよせバッグ」。
遠《とお》くにあるものを取《と》り寄《よ》せることができるんだ。
へえ。
さっそく買《か》い物《もの》のメモを取《と》り寄《よ》せよう。
メモメモ…。
ゴソゴソ
ん？なにかにひっかかってるぞ。んーっ！
こら、あまり無茶《むちゃ》すると…。
ビビ
ドテッ
わ～メモが破《やぶ》けちゃった。
いわんこっちゃない。
よしこうだ！
ジャガイモ 4袋
キュウリ 1箱
カレールー 2個
ラーメン 5本

こんな感《かん》じだったかな?
だいじょうぶ!
ジャガイモ4袋《よんふくろ》とキュウリ1箱《ひとはこ》。
すみません、キュウリ1箱《ひとはこ》ください。
えっ1箱《ひとはこ》?
トマト
まいどあり。
あとはカレールー2個《にこ》に、ラーメン5本《ごほん》。
買《か》い物《もの》終了《しゅうりょう》!これでチョコをいっぱい食《た》べられる!
これで本当《ほんとう》にだいじょうぶかなあ。
「とりよせバッグ」のおかげで全部《ぜんぶ》買《か》えてよかったね。
もう忘《わす》れ物《もの》しないでよ。
きゅうり
まあ!これが買《か》ってきたもの!?
ママの指示《しじ》どおりに買《か》うの、大変《たいへん》だったんだから。
きゅうり

ジャガイモ4《よん》袋《ふくろ》。
キュウリ1《ひと》箱《はこ》。
きゅうり
カレールー2《に》個《こ》にラーメン5《ご》本《ほん》だよ。
こんな買《か》い物《もの》たのんでいません!!
たのんだのはジャガイモ2《に》個《こ》キュウリ5《ご》本《ほん》カレールー1《ひと》箱《はこ》ラーメン4《よん》袋《ふくろ》です！
破《やぶ》れたメモをつなげるときにまちがえちゃったんだ！
ごほうびのチョコは少《すこ》しだけよ！

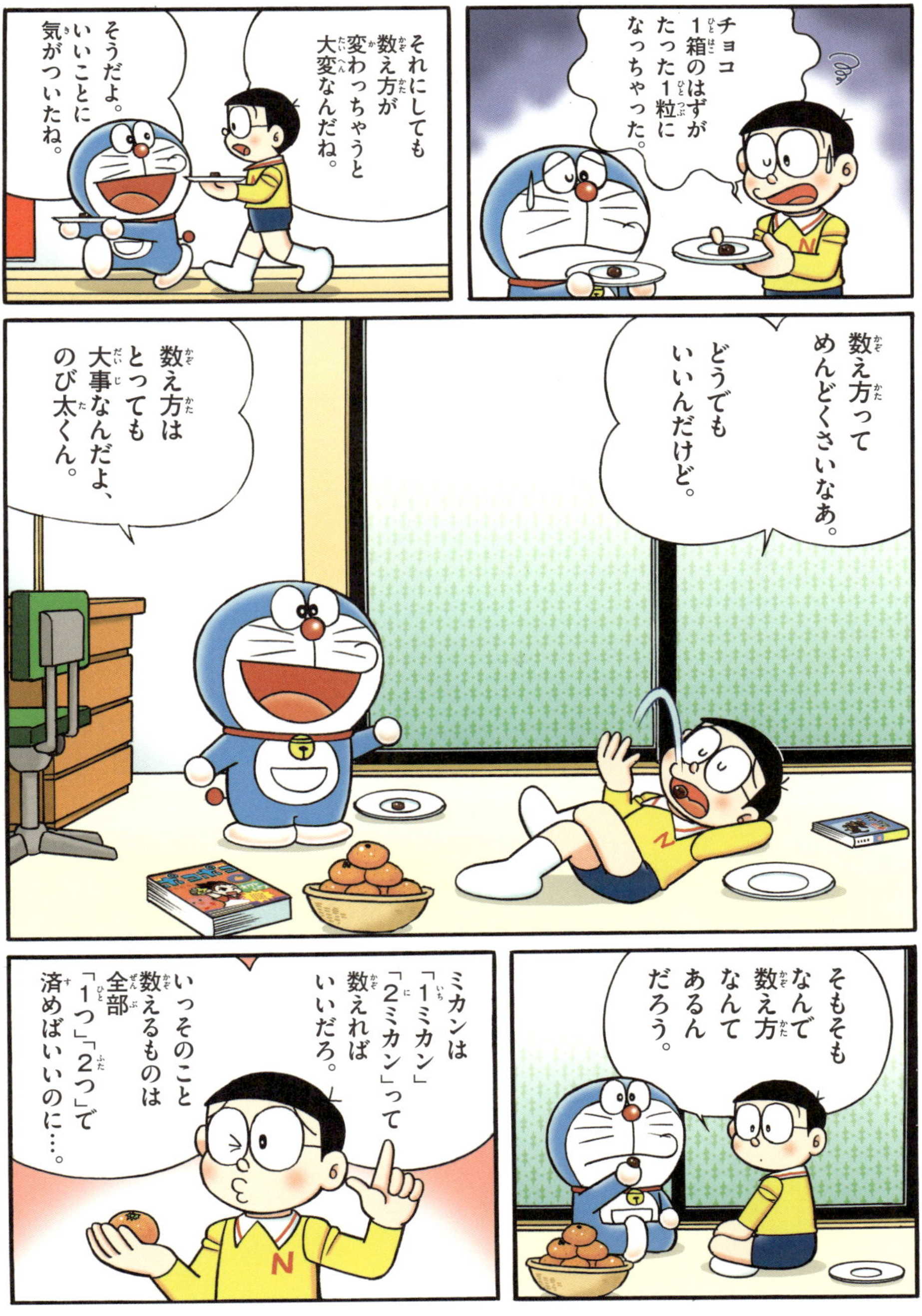
チョコ1箱《ひとはこ》のはずがたった1粒《ひとつぶ》になっちゃった。
それにしても数《かぞ》え方《かた》が変《か》わっちゃうと大変《たいへん》なんだね。
そうだよ。いいことに気《き》がついたね。
数《かぞ》え方《かた》ってめんどくさいなあ。
どうでもいいんだけど。
数《かぞ》え方《かた》はとっても大事《だいじ》なんだよ、のび太《た》くん。
そもそもなんで数《かぞ》え方《かた》なんてあるんだろう。
ミカンは「1《いち》ミカン」「2《に》ミカン」って数《かぞ》えればいいだろ。
いっそのこと数《かぞ》えるものは全部《ぜんぶ》「1《ひと》つ」「2《ふた》つ」で済《す》めばいいのに…。

数《かぞ》え方《かた》には数《かぞ》えるものがどんな様子《ようす》かを教《おし》えてくれる役目《やくめ》があるんだ。
「数《かぞ》えまち貝《がい》」!!
なにこれ、貝《かい》?
数《かぞ》え方《かた》がよくわかるひみつ道具《どうぐ》さ。
さあ!きみも「数《かぞ》えまち貝《がい》」といっしょにいろいろな数《かぞ》え方《かた》を見《み》てみよう!
数《かぞ》え方《かた》っておもしろいんだよ!

# 第《だい》1《いっ》章《しょう》

# 食《た》べ物《もの》を数《かぞ》えてみよう

# 野菜《やさい》・果物《くだもの》の数《かぞ》え方《かた》

——「数《かぞ》えまち貝《がい》」の使《つか》い方《かた》

ドラえもん、その「数《かぞ》えまち貝《がい》」ってどう使《つか》うの？
まあ見《み》ててごらん。
まずは「数《かぞ》えまち貝《がい》」にミカンを入《い》れる。
ためしに「本《ほん》」に数《かぞ》え方《かた》を合《あ》わせてスイッチをおすと…。
本
カタ
カタ
本
わっなんだなんだ！
ポコッ
ミカン「1本《いっぽん》」。

細《ほそ》長《なが》いミカンだ!
「本《ほん》」という数《かぞ》え方《かた》は細《ほそ》長《なが》いものを数《かぞ》えるときに使《つか》うんだ。
よーし、ほかの数《かぞ》え方《かた》もためしてみよう。「枚《まい》」に合《あ》わせて…。
ミカン「1《いち》枚《まい》」。
ペラッ
ペラペラになっちゃった。
「枚《まい》」は紙《かみ》や板《いた》みたいな平《ひら》べったいものの数《かぞ》え方《かた》なんだね。
おもしろいおもしろい!!
もっとためしてみる?
ミカン「1《いち》台《だい》」。
ロボットみたいにかたそう!
ミカン「1《ひと》粒《つぶ》」。
今度《こんど》はすごく小《ちい》さい!

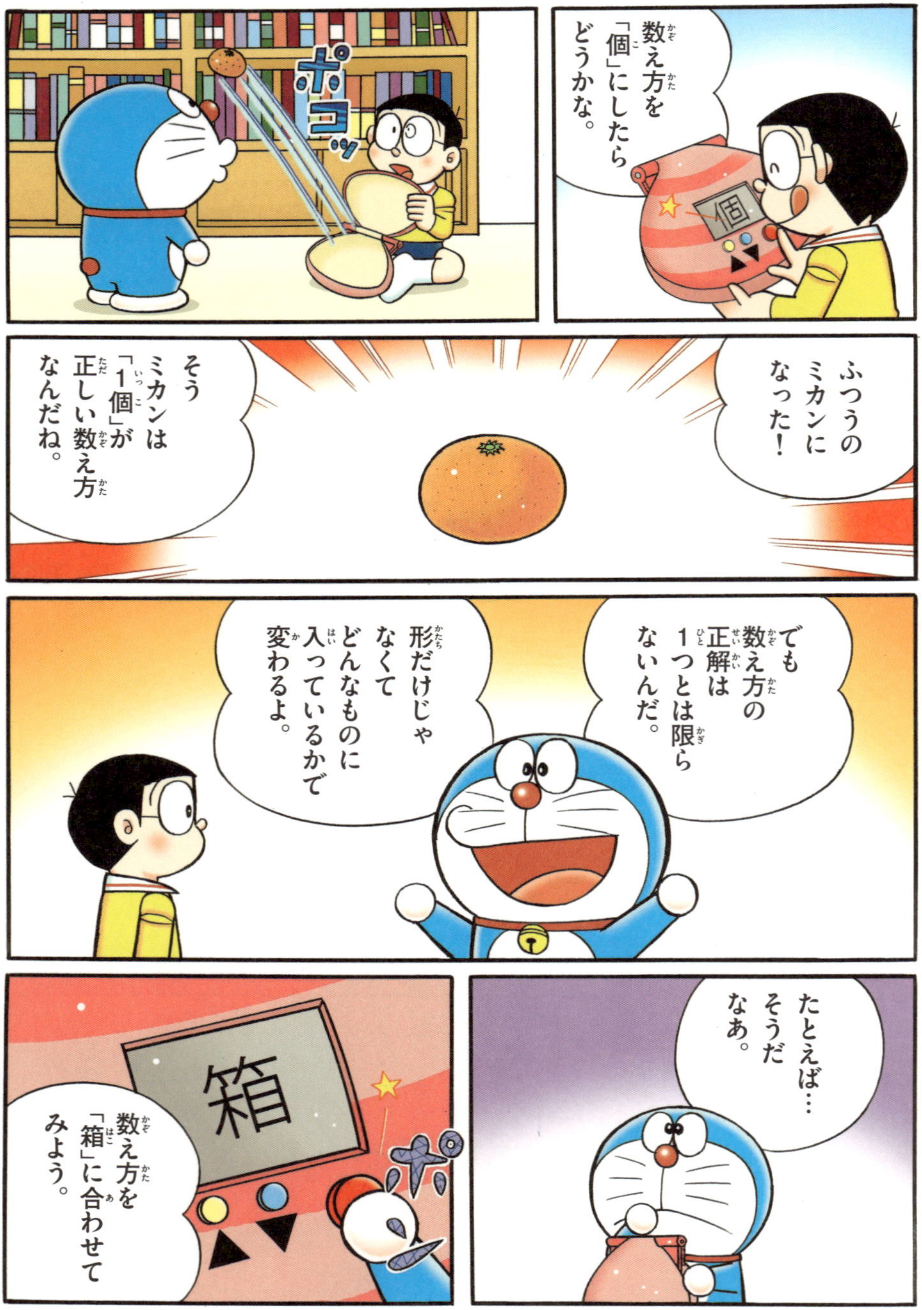

数《かぞ》え方《かた》を「個《こ》」にしたらどうかな。
個
ポコッ
ふつうのミカンになった！
そうミカンは「1個《いっこ》」が正《ただ》しい数《かぞ》え方《かた》なんだね。
でも数《かぞ》え方《かた》の正解《せいかい》は1《ひと》つとは限《かぎ》らないんだ。
形《かたち》だけじゃなくてどんなものに入《はい》っているかで変《か》わるよ。
たとえば…そうだなあ。
箱
ポ
数《かぞ》え方《かた》を「箱《はこ》」に合《あ》わせてみよう。

ミカン「1《ひと》箱《はこ》」。
ドサッ
わあ！ミカンが箱《はこ》いっぱい！
ミカンをいくつか袋《ふくろ》に入《い》れたら「1《ひと》袋《ふくろ》」。
山《やま》のようにつめば「1《ひと》山《やま》」。
パックに入《い》れれば「1《ひと》パック」。
みかん
なるほど…ママがおこった理由《りゆう》が少《すこ》しわかってきたよ。
今度《こんど》はキュウリ1《ひと》箱《はこ》なんてたくさん買《か》わなくてすむね。

## 絵図鑑《えずかん》 野菜《やさい》・果物《くだもの》の数《かぞ》え方《かた》

丸《まる》っこい形《かたち》なら

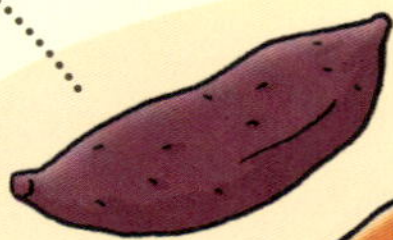

サツマイモ 1本《いっぽん》

キュウリ 1本《いっぽん》

ニンジン 1本《いっぽん》

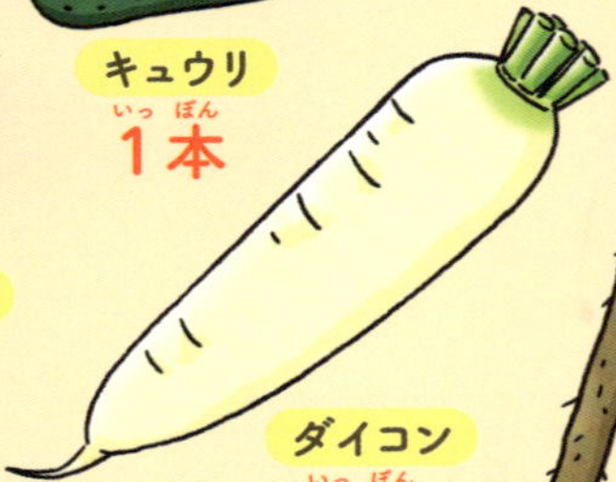

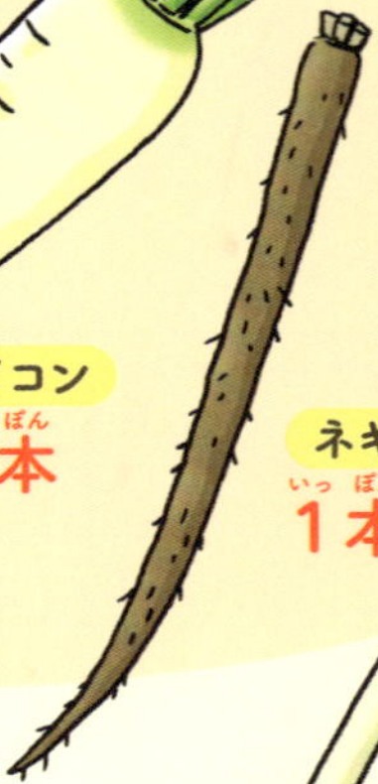

細長《ほそなが》い形《かたち》のものは

「本《ほん》」

ゴボウ 1本《いっぽん》

ダイコン 1本《いっぽん》

ネギ 1本《いっぽん》

バナナ 1本《いっぽん》

シイタケ 1本《いっぽん》

バナナ 1房《ひとふさ》

ブロッコリー 1房《ひとふさ》

ブロッコリー 1株《ひとかぶ》

シメジ 1株《ひとかぶ》

いくつもの部分《ぶぶん》が集《あつ》まると、

「房《ふさ》」

人《ひと》が片手《かたて》で

にぎったくらいの束《たば》は

「把《わ》」

ネギは束《たば》ねると

数《かぞ》え方《かた》が変《か》わるよ。

ホウレンソウ 1把《いちわ》

ネギ 1束《ひとたば》

リーフレタス 1枚《いちまい》

リーフレタス 1株《ひとかぶ》

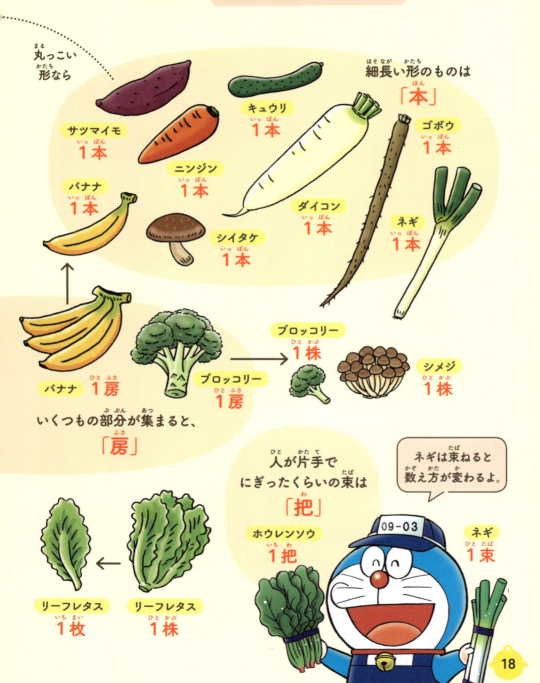

みんな
おいしそう!!

丸《まる》っこいもの、
コロンとした形《かたち》のものは
「個《こ》」

リンゴ
1個《いっこ》

レモン
1個《いっこ》

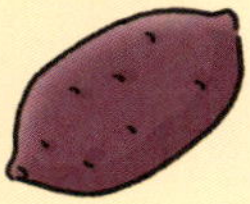

サツマイモ
1個《いっこ》

1玉《ひとたま》もOK《オーケー》!

切《き》った
リンゴ
1切《ひとき》れ

ジャガイモ
1個《いっこ》

ミカン
1個《いっこ》

トマト
1個《いっこ》

グリーンピース
1粒《ひとつぶ》

指《ゆび》でつまめるほどの
大《おお》きさのものは
「粒《つぶ》」

サクランボ
1粒《ひとつぶ》

ミニトマト
1粒《ひとつぶ》

ブドウ
1粒《ひとつぶ》

ブドウ
1房《ひとふさ》

大《おお》きくて
丸々《まるまる》しているものは
「玉《たま》」

メロン
1玉《ひとたま》

スイカ
1玉《ひとたま》

キャベツ
1玉《ひとたま》

# パン・おかしの数《かぞ》え方《かた》

## ――どらやきをいっぱい食《た》べるには？

デパ地下《ちか》に来《き》たよ。パンやおかしを数《かぞ》えてみよう。
やった！おかしだーい好《す》き!!
おかしはだいたい「1個《いっこ》」「2個《にこ》」でしょ。
そう数《かぞ》えるものも多《おお》いね。
たとえば小《ちい》さくてコロンとしたものは「1個《いっこ》」。
コロンとしてるからどらやきも「1個《いっこ》」！
よーしどらやきを「数《かぞ》えまち貝《がい》」に入《い》れてみよう。

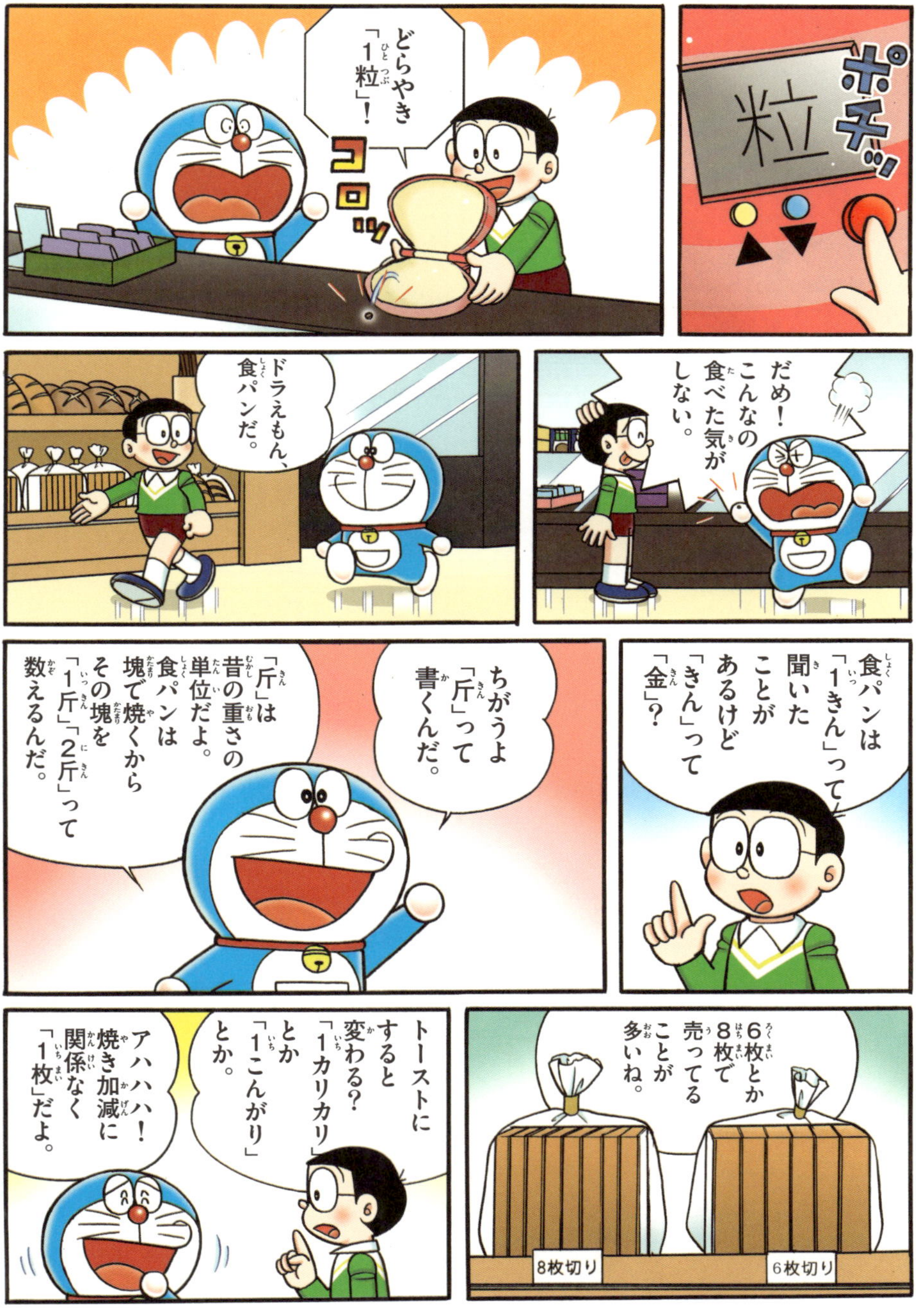
ポチッ
粒
どらやき「1粒《ひとつぶ》」!
コロッ
だめ! こんなの食《た》べた気《き》がしない。
ドラえもん、食《しょく》パンだ。
食《しょく》パンは「1《いっ》きん」って聞《き》いたことがあるけど「きん」って「金《きん》」?
ちがうよ「斤《きん》」って書《か》くんだ。
「斤《きん》」は昔《むかし》の重《おも》さの単位《たんい》だよ。食《しょく》パンは塊《かたまり》で焼《や》くからその塊《かたまり》を「1斤《いっきん》」「2斤《にきん》」って数《かぞ》えるんだ。
6枚《ろくまい》とか8枚《はちまい》で売《う》ってることが多《おお》いね。
6枚切り
8枚切り
トーストにすると変《か》わる?「1《いち》カリカリ」とか「1《いち》こんがり」とか。
アハハハ! 焼《や》き加減《かげん》に関係《かんけい》なく「1枚《いちまい》」だよ。

ケーキも切《き》ると数《かぞ》え方《かた》が変《か》わるのかな？
うん。
誕生日《たんじょうび》ケーキのように丸《まる》いケーキは台《だい》にのせてかざりつけるから、「1《いち》台《だい》」って数《かぞ》えるよ。
でも切《き》られたものは「1《ひと》切《き》れ」とか「1《いち》ピース」っていうよ。「ピース」は切《き》り取《と》った「部分《ぶぶん》」っていう意味《いみ》の英語《えいご》なんだ。
あ〜誕生日《たんじょうび》にケーキ「1《いち》台《だい》」食《た》べてみたいなあ。
ぼくはどらやき「1《いち》台《だい》」!!
ねぇ、お団子《だんご》はなんて数《かぞ》えるの？
お団子《だんご》は串《くし》にささっていれば「1《ひと》串《くし》」だよ。

そうだ!!
ひらめいたよ!「数《かぞ》えまち貝《がい》」を貸《か》して!
ん?
どらやきを入《い》れて数《かぞ》え方《かた》を「串《くし》」に合《あ》わせて…と。
串
ポン
どらやき「1串《ひとくし》」。
ポコー!
だんご
ほら、どらやきがお団子《だんご》みたいに3個《さんこ》もささってるよ。
わーい!のび太《た》くん頭《あたま》いいねぇ!

# 絵図鑑《えずかん》 パン・おかしの数《かぞ》え方《かた》

昔《むかし》、イギリスでは食《しょく》パンの塊《かたまり》は「1《いち》ポンド」（454 g《グラム》）だった。
日本《にっぽん》では1《いち》ポンドを1斤《いっきん》というようになったよ。

食《しょく》パン（塊《かたまり》）
1斤《いっきん》

6 枚切り食パン《ろくまいぎしょく》
1袋《ひとふくろ》

トースト 1枚《いちまい》

ロールパン
1個《いっこ》

クロワッサン
1個《いっこ》

メロンパン
1個《いっこ》

サンドイッチ 1切《ひとき》れ

1切《ひとき》れ

ピザ 1枚《いちまい》

ドーナツ
1個《いっこ》

フランスパン 1本《いっぽん》

パウンドケーキ 1本《いっぽん》
切《き》ると 1切《ひとき》れ

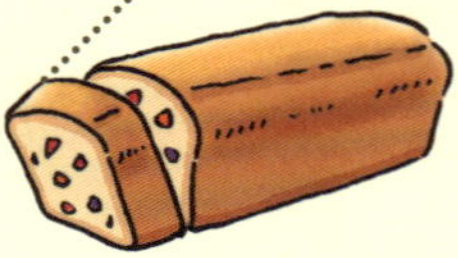

「ホール」は丸《まる》ごと、
「ピース」は切《き》ったものを
表《あらわ》す英語《えいご》だよ。

ホールケーキ
1台《いちだい》、1《いち》ホール

ケーキ
1切《ひとき》れ、1《いち》ピース

クッキー

1枚《いちまい》　1個《いっこ》

平《ひら》たいものは「枚《まい》」
厚《あつ》みのあるものは「個《こ》」

マカロン
1個《いっこ》

パイ 1枚《いちまい》
厚《あつ》ければ 1台《いちだい》

シュークリーム
1個《いっこ》

同《おな》じあめでも形《かたち》や入《い》れ物《もの》で数《かぞ》え方《かた》は変《か》わるのね。

棒《ぼう》つきキャンデー
1本《いっぽん》

キャンデー、あめ
1個《いっこ》、1粒《ひとつぶ》

袋入《ふくろい》りキャンデー
1袋《ひとふくろ》

缶入《かんい》りドロップ
1缶《ひとかん》

串団子《くしだんご》
1本《いっぽん》、1串《ひとくし》

まんじゅう
1個《いっこ》

大福《だいふく》
1個《いっこ》

せんべい
1枚《いちまい》

われせん
1《ひと》かけら

団子《だんご》
1個《いっこ》

板《いた》ガム
1枚《いちまい》

粒《つぶ》ガム
1粒《ひとつぶ》

1片《ひとかけ》、
1《ひと》かけら

板《いた》チョコレート
1枚《いちまい》

どらやき8個《はちこ》も食《た》べられるかな？

細長《ほそなが》いおかし
1本《いっぽん》

「個《こ》」よりも「粒《つぶ》」のほうが高級感《こうきゅうかん》があるよ。

丸《まる》っこいチョコ
1粒《ひとつぶ》

チョコレートの詰《つ》め合《あ》わせ
1箱《ひとはこ》

# スーパー・コンビニのものの数《かぞ》え方《かた》

## —— 牛乳《ぎゅうにゅう》の数《かぞ》え方《かた》いろいろ

さっきはのび太《た》くんがどらやきを「1串《ひとくし》」出《だ》してくれたからおなかいっぱい食《た》べられたよ。
じゃあ、逆《ぎゃく》に量《りょう》がへっちゃうような数《かぞ》え方《かた》もあるの？
あるよ。どらやき「1粒《ひとつぶ》」はミニサイズになっちゃっただろ。
カレールーもぼくが数《かぞ》え方《かた》をまちがえたから減《へ》っちゃったんだね。
カレー
スーパーっていろいろなものを売《う》ってるから数《かぞ》え方《かた》がむずかしいや。
スーパーで売《う》ってる食《た》べ物《もの》や飲《の》み物《もの》は、入《い》れ物《もの》で数《かぞ》えることが多《おお》いよ。
ためしにやってみよう。のび太《た》くん冷蔵庫《れいぞうこ》から牛乳《ぎゅうにゅう》を持《も》ってきて。

ママがコップに入《い》れてくれたよ。
いいかい？これを「数《かぞ》えまち貝《がい》」に入《い》れて「本《ほん》」にすると…。
牛乳《ぎゅうにゅう》「1《いっ》本《ぽん》」。
牛乳
ポコッ
スーパーでよく見《み》かける牛乳《ぎゅうにゅう》になった！
そう、これは牛乳《ぎゅうにゅう》「1《いっ》本《ぽん》」。細長《ほそなが》いパックに入《はい》っているからね。
牛乳
次《つぎ》にまた「数《かぞ》えまち貝《がい》」に入《い》れて「瓶《びん》」をおすと…。
あっ瓶《びん》入《い》りの牛乳《ぎゅうにゅう》になった！
MILK
これは牛乳《ぎゅうにゅう》「1《ひと》瓶《びん》」。同《おな》じ牛乳《ぎゅうにゅう》でも入《い》れ物《もの》によって数《かぞ》え方《かた》がちがうんだ。

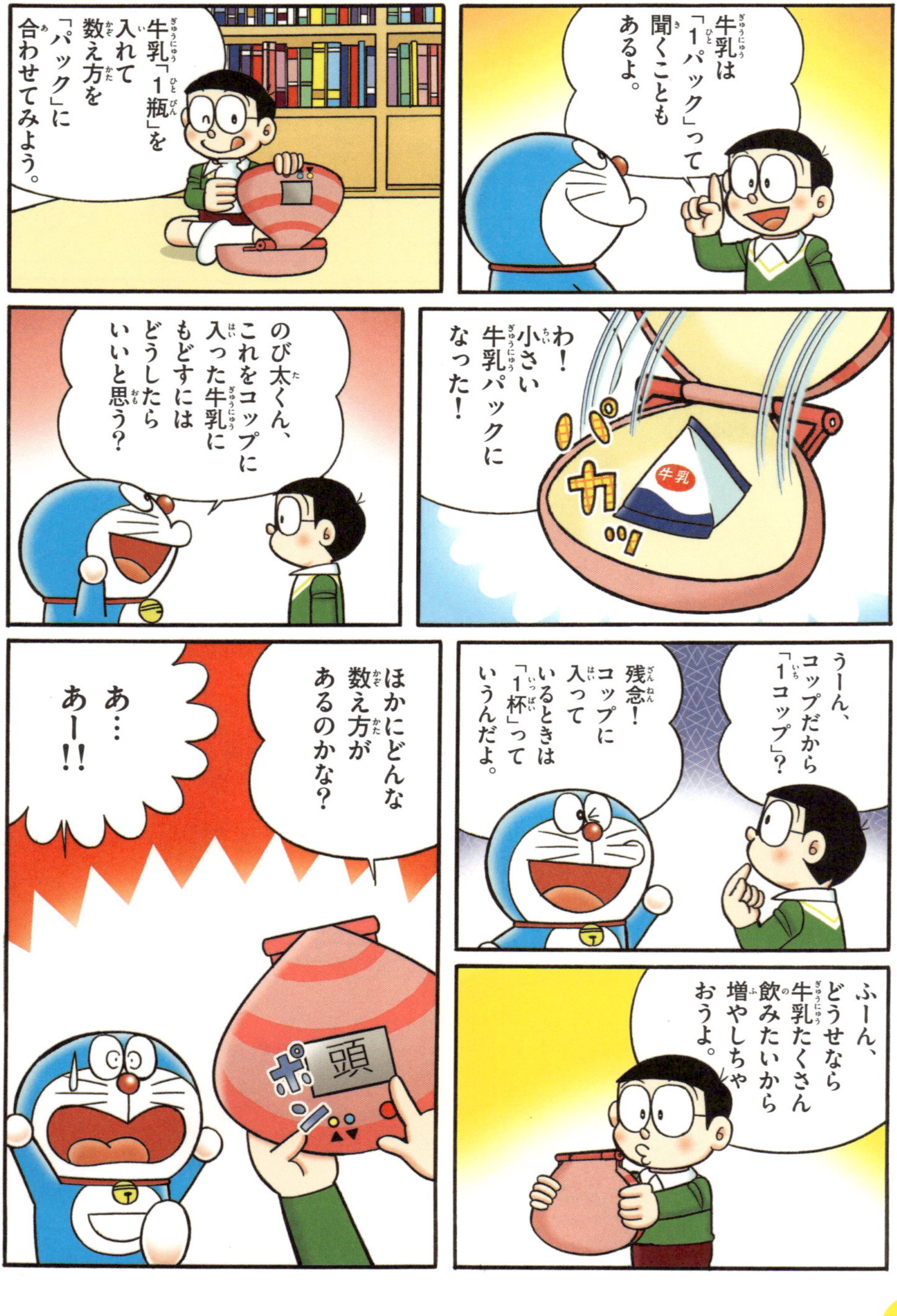
牛乳《ぎゅうにゅう》は「1《ひと》パック」って聞《き》くこともあるよ。
牛乳《ぎゅうにゅう》「1《ひと》瓶《びん》」を入《い》れて数《かぞ》え方《かた》を「パック」に合《あ》わせてみよう。
わ! 小《ちい》さい牛乳《ぎゅうにゅう》パックになった!
パカッ
牛乳
のび太《た》くん、これをコップに入《はい》った牛乳《ぎゅうにゅう》にもどすにはどうしたらいいと思《おも》う?
うーん、コップだから「1《いち》コップ」?
残念《ざんねん》! コップに入《はい》っているときは「1杯《いっぱい》」っていうんだよ。
ほかにどんな数《かぞ》え方《かた》があるのかな?
あ…あー!!
ポン
頭
ふーん、どうせなら牛乳《ぎゅうにゅう》たくさん飲《の》みたいから増《ふ》やしちゃおうよ。

ドテッ
やめろ!
なにするんだ。
それは…。
カタ
カタ
わあ、ウシになったぁ。
ンモ～
牛《うし》「1《いっ》頭《とう》」分《ぶん》の牛乳《ぎゅうにゅう》が飲《の》めるけど、うちじゃ飼《か》えないよ～!!

# 絵図鑑《えずかん》 スーパー・コンビニのものの数《かぞ》え方《かた》 ── 容器編《ようきへん》

どんなグラス、カップ、器《うつわ》に注《そそ》いでも1杯《いっぱい》。

牛乳《ぎゅうにゅう》 1杯《いっぱい》

容器《ようき》が小《ちい》さくなると「個《こ》」も使《つか》うよ。

牛乳《ぎゅうにゅう》 1本《いっぽん》

牛乳《ぎゅうにゅう》 1本《いっぽん》

生《なま》クリーム 1本《いっぽん》、1個《いっこ》

コーヒーミルク 1個《いっこ》

小《ちい》さいパック入《い》り 1《ひと》パック

ふたができる容器《ようき》は「本《ほん》」で数《かぞ》えるよ。

すべて1本《いっぽん》

水《みず》 サラダ油《あぶら》 マヨネーズ ソース

哺乳瓶《ほにゅうびん》入《い》りミルク

調味料《ちょうみりょう》やペットボトルに入《はい》った飲《の》み物《もの》も1本《いっぽん》だよ。

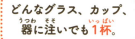

給食用《きゅうしょくよう》の小《ちい》さなジャム

1《いっ》個《こ》、1《ひと》袋《ふくろ》

ジャム

1《ひと》瓶《びん》

1《ひと》さじ

1《ひと》垂《た》らし

1《ひと》塗《ぬ》り

缶《かん》づめ

形《かたち》や大《おお》きさに関係《かんけい》なく

1《ひと》缶《かん》

細長《ほそなが》い缶《かん》

同《おな》じ形《かたち》でも

中身《なかみ》が飲《の》み物《もの》か固形《こけい》かで

数《かぞ》え方《かた》が変《か》わる。

1《ひと》缶《かん》　1《いっ》本《ぽん》

中身《なかみ》が空《から》っぽになった缶《かん》は

1《いっ》個《こ》と数《かぞ》えるよ。

ちゃんとリサイクルしよう！

コーンフレーク

1《ひと》箱《はこ》

1《ひと》袋《ふくろ》

1《いっ》杯《ぱい》

1《ひと》かけら

絵図鑑《えずかん》

# スーパー・コンビニのもの の数《かぞ》え方《かた》 ― 売《う》り場《ば》編《へん》

小《ちい》さくて手軽《てがる》な
お弁当《べんとう》
1個《いっこ》

サンドイッチ
1《ひと》パック

おにぎり
1個《いっこ》

手巻《てま》きずし
1本《いっぽん》

ごうかなお弁当《べんとう》
1折《ひとおり》

昔《むかし》、木《き》の板《いた》を折《お》って
箱《はこ》を作《つく》ったから。

箱入《はこい》りのサンドイッチ
1箱《ひとはこ》

カットフルーツ
1《ひと》カップ、
1《ひと》パック

肉《にく》まん
1個《いっこ》

ソフトクリームは
1本《いっぽん》なのよ！

カップアイス
1個《いっこ》

アイスキャンデー
1本《いっぽん》

スナック1袋《ひとふくろ》とクッキー1箱《ひとはこ》
買《か》おうかな…。
POTATO SNACK
えび
ショッピングカート 1台《いちだい》
うわー重《おも》い!
レジ袋《ぶくろ》
たたんであるときは
1枚《いちまい》
中身《なかみ》の入《はい》った
バスケット
1《ひと》かご
クーポン券
Point CARD
ポイントカード
クーポン券《けん》
1枚《いちまい》
買《か》ったものを入《い》れると
1個《いっこ》、1袋《ひとふくろ》
空《から》のバスケット
1個《いっこ》
Store
レシート 1枚《いちまい》
買《か》った商品《しょうひん》は1点《いってん》
POTATO SNACK

# お肉《にく》の数《かぞ》え方《かた》

## ——ウシを「枚《まい》」で数《かぞ》えたら？

困《こま》ったな。「数《かぞ》えまち貝《がい》」から出《で》てきたウシどうしよう？
モ〜〜！
また中《なか》に入《い》れてもどすしかない！
ンモ〜
バク
よーし！「1枚《いちまい》」にしたら紙《かみ》にかいた絵《え》のウシになるんじゃない？
ポチッ
わあ！「枚《まい》」にしたら牛肉《ぎゅうにく》になっちゃった！
牛肉《ぎゅうにく》「1枚《いちまい》」。
ポコッ

ステーキ肉《にく》も「1枚《いちまい》」って数《かぞ》えるからね。
まあいいか。
「1《ひと》パック」にして冷蔵庫《れいぞうこ》にしまっておこう。
ママ喜《よろこ》ぶぞ!
ドラえもん、ぶた肉《にく》も同《おな》じように数《かぞ》えるの?
そうだよ。パックに入《はい》っていれば「1《ひと》パック」なんだ。
とり肉《にく》はどう?
とり肉《にく》もパックに入《はい》っていれば「1《ひと》パック」。骨《ほね》つきなら「1本《いっぽん》」。平《ひら》べったい肉《にく》なら「1枚《いちまい》」だよ。
クリスマスに食《た》べるローストチキンは?
あれは丸《まる》ごととり肉《にく》だから「1羽《いちわ》」って数《かぞ》えるんだ。

羽《はね》を全部《ぜんぶ》取《と》って食《た》べるのに「羽《わ》」って数《かぞ》えるなんて不思議《ふしぎ》だなあ。
生《い》きた姿《すがた》のまま食《た》べる鳥《とり》は「羽《わ》」で数《かぞ》えるんだ。
じゃあ、鳥《とり》から出《で》てくるから卵《たまご》も「1羽《いちわ》」でいいの？
それはどうかな？卵《たまご》を持《も》ってきてごらん？
今度《こんど》はこの卵《たまご》を
「数《かぞ》えまち貝《がい》」に入《い》れる。
「羽《わ》」に合《あ》わせて…。
ポン
羽

ピィ!
ヒヨコ「1《いち》羽《わ》」。
ヒヨコだ!
卵《たまご》からかえってヒヨコ「1《いち》羽《わ》」になった。卵《たまご》は、まだ鳥《とり》の形《かたち》になってないから「1《いっ》個《こ》」なんだ。
かわいいなあ。
ピィ!
このヒヨコも育《そだ》てばおいしいとり肉《にく》になるかな?なんてね。
コラコラ!
今日《きょう》のところは元《もと》の卵《たまご》にもどしておこうね。

# 絵図鑑《えずかん》 お肉《にく》の数《かぞ》え方《かた》

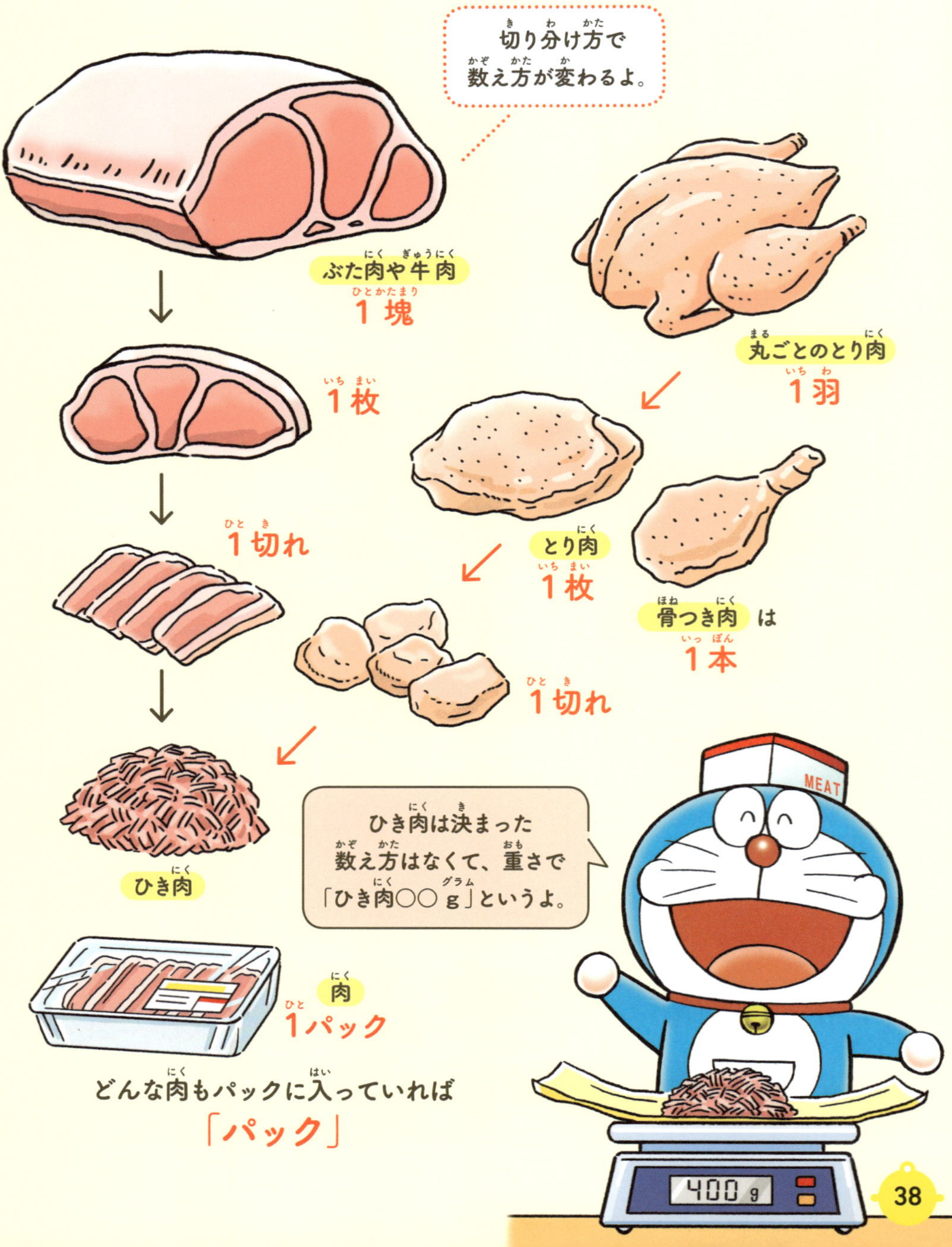

# お料理《りょうり》すると・・・

ハンバーグ 1枚《いちまい》

ミニハンバーグ は 1個《いっこ》

骨《ほね》つきフライドチキン

1本《いっぽん》

からあげ

1個《いっこ》

ローストチキン

1羽《いちわ》

ニワトリ

丸《まる》ごと

1羽《いちわ》

だから。

とんかつ

1枚《いちまい》

切《き》ると

1切《ひとき》れ

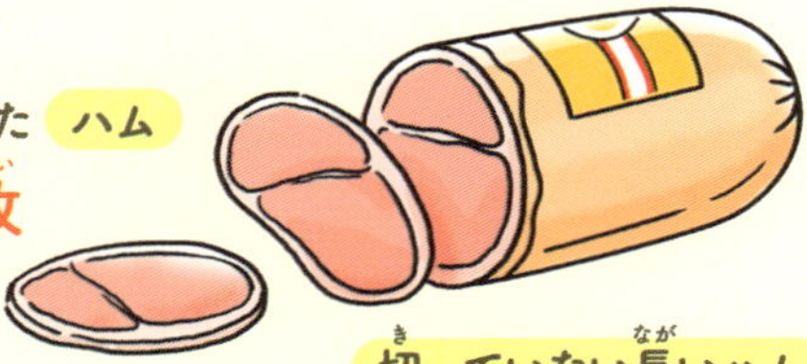

うすく切《き》った ハム

1枚《いちまい》

切《き》っていない長《なが》いハム

1本《いっぽん》

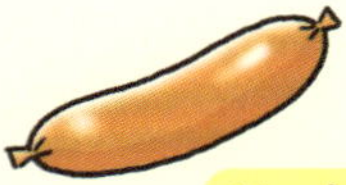

ソーセージ

1本《いっぽん》

パック入《い》りの卵《たまご》は

1《ひと》パックだね。

→

卵《たまご》

1個《いっこ》

スライスしたベーコン

1枚《いちまい》

# 海《うみ》の幸《さち》の数《かぞ》え方《かた》

## ——魚《さかな》屋《や》さんで数《かぞ》えてみよう

数《かぞ》え方《かた》のことだいぶわかってきたよ。今度《こんど》は魚《さかな》の数《かぞ》え方《かた》を教《おし》えて。
魚《さかな》はちょっと難《むずか》しいから覚悟《かくご》してね。
小イワシ 680
ズワイ 3800
コハダ 480
メバル 2500
イワシ 100
まず、魚《さかな》は形《かたち》によって数《かぞ》え方《かた》がちがうんだ。
野菜《やさい》や果物《くだもの》と同《おな》じだね。「1個《いっこ》」とか「1粒《ひとつぶ》」っていえばいいんでしょう？
そうじゃないよ。たとえばサンマは長《なが》いから「1本《いっぽん》」。
ダイコンやキュウリと同《おな》じだね。

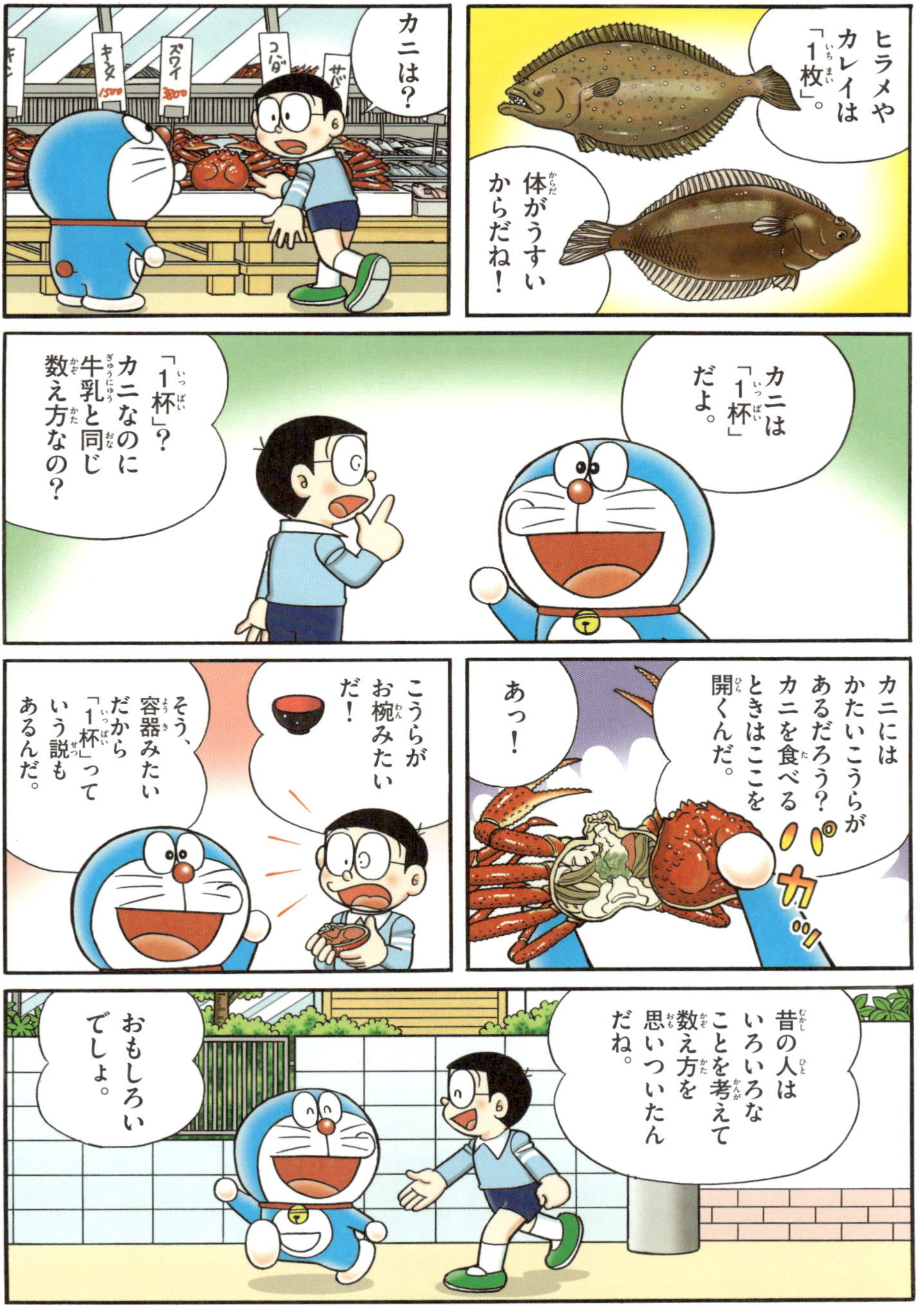
ヒラメやカレイは「1枚《いちまい》」。
体《からだ》がうすいからだね！
ズワイ
カニは？
カニは「1杯《いっぱい》」だよ。
「1杯《いっぱい》」？カニなのに牛乳《ぎゅうにゅう》と同《おな》じ数《かぞ》え方《かた》なの？
カニにはかたいこうらがあるだろう？カニを食《た》べるときはここを開《ひら》くんだ。
パカッ
あっ！
こうらがお椀《わん》みたいだ！
そう、容器《ようき》みたいだから「1杯《いっぱい》」っていう説《せつ》もあるんだ。
昔《むかし》の人《ひと》はいろいろなことを考《かんが》えて数《かぞ》え方《かた》を思《おも》いついたんだね。
おもしろいでしょ。

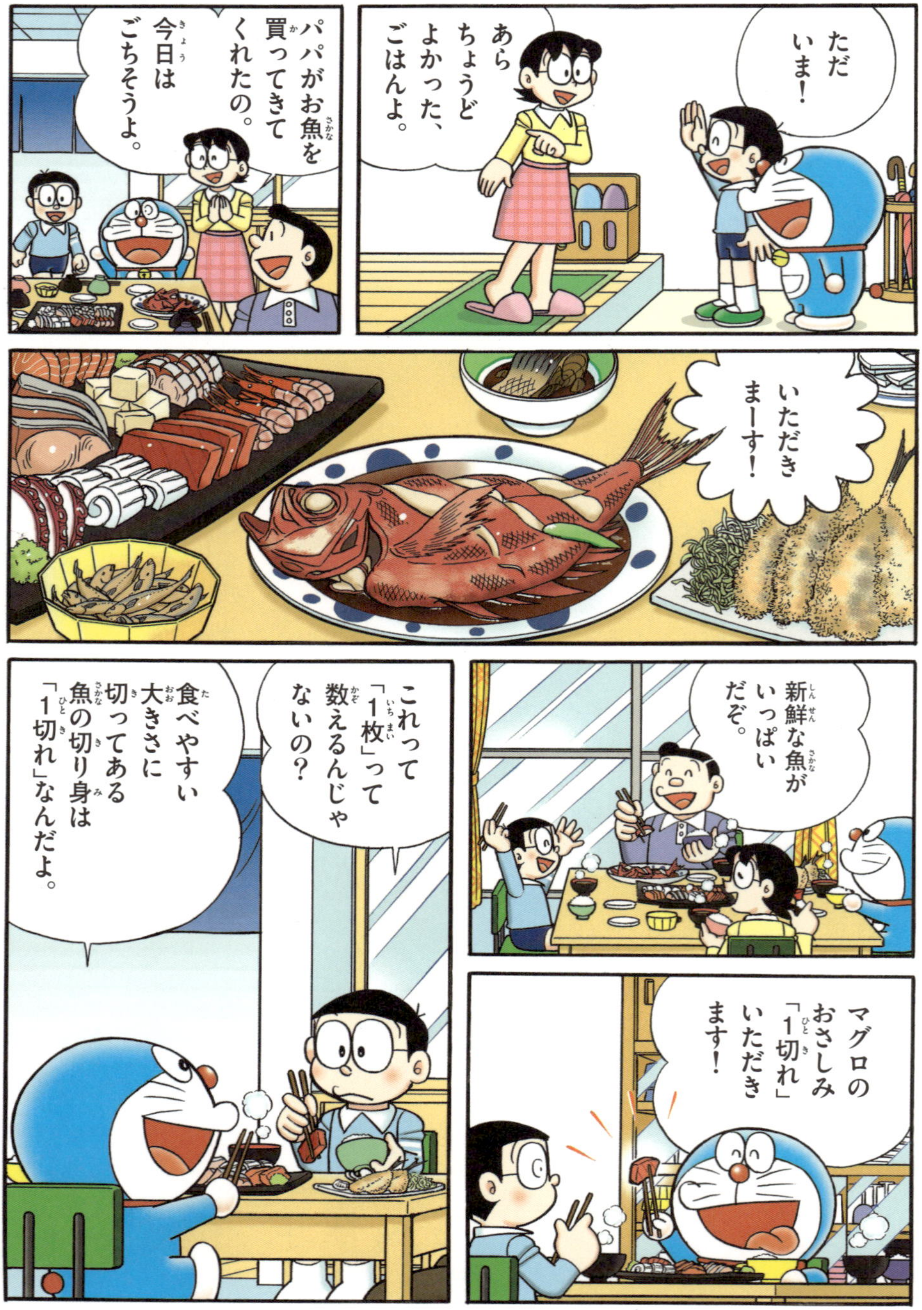
ただいま！
あらちょうどよかった、ごはんよ。
パパがお魚《さかな》を買《か》ってきてくれたの。今日《きょう》はごちそうよ。
いただきまーす！
新鮮《しんせん》な魚《さかな》がいっぱいだぞ。
マグロのおさしみ「1《ひと》切《き》れ」いただきます！
これって「1枚《いちまい》」って数《かぞ》えるんじゃないの？
食《た》べやすい大《おお》きさに切《き》ってある魚《さかな》の切《き》り身《み》は「1《ひと》切《き》れ」なんだよ。

あっ 最後《さいご》の「1《ひと》切《き》れ」になっちゃった。
もっと食《た》べたいなあ…。
ニュウ
じゃあこれを使《つか》おう。
ドラちゃん貝《かい》を買《か》ってきたの!?
ちがうよ。見《み》てて。
ここにマグロ「1《ひと》切《き》れ」を入《い》れて
「冊《さく》」に合《あ》わせると…。
冊
ポ
マグロ「1《ひと》冊《さく》」!!
おお！おさしみに切《き》り分《わ》ける前《まえ》と同《おな》じマグロの塊《かたまり》になったぞ！
やったあ！これでもっと食《た》べられるね！
ポコ！

# 絵図鑑《えずかん》 海《うみ》の幸《さち》の数《かぞ》え方《かた》

売《う》られている魚《さかな》や貝《かい》は、形《かたち》や加工《かこう》の仕方《しかた》で数《かぞ》え方《かた》が決《き》まるよ。

## 細長《ほそなが》い魚《さかな》は「本《ほん》」

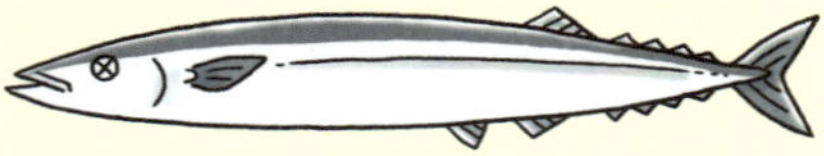

サンマ 1本《いっぽん》

## 平《ひら》たい魚《さかな》は「枚《まい》」

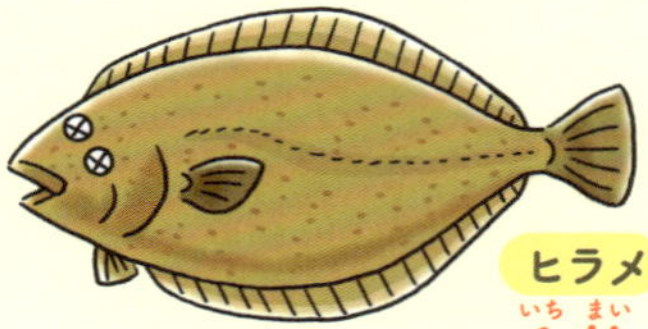

ヒラメ 1枚《いちまい》

## ふつうの形《かたち》の魚《さかな》は「尾《び》」

アジ 1尾《いちび》

平《ひら》たく開《ひら》くと →

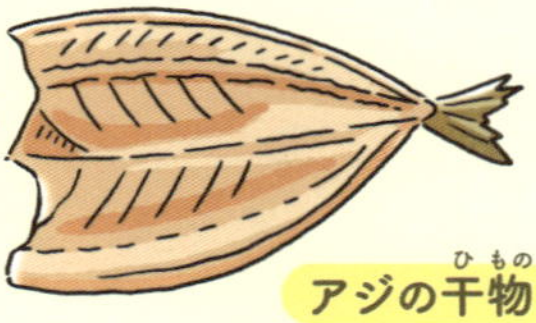

アジの干物《ひもの》 1枚《いちまい》

開《ひら》いたり干《ほ》したりすると「枚《まい》」で数《かぞ》えるよ。

イカやカニは解体《かいたい》したときの形《かたち》が器《うつわ》に似《に》てるから「杯《はい》」で数《かぞ》えるよ。

イカ 1杯《いっぱい》

干《ほ》されると →

するめ 1枚《いちまい》

平《ひら》べったい形《かたち》…… 丸《まる》くてコロンとした形《かたち》…… 小《ちい》さい貝《かい》

ホタテ 1枚《いちまい》

サザエ 1個《いっこ》

ハマグリ 1個《いっこ》

シジミ 1粒《ひとつぶ》

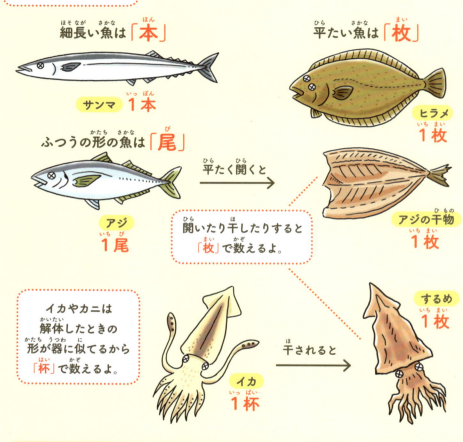

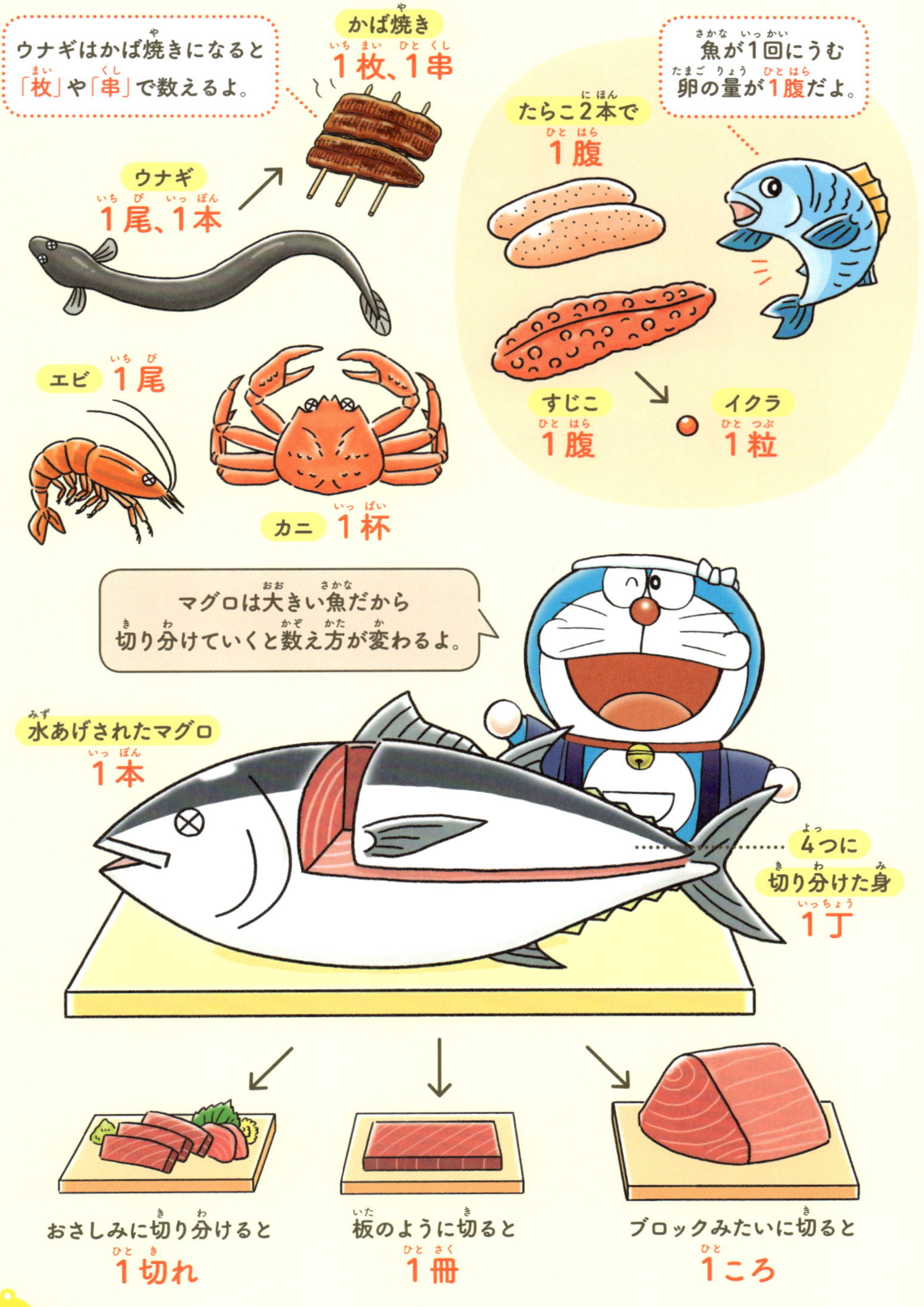

ウナギはかば焼《や》きになると
「枚《まい》」や「串《くし》」で数えるよ。
かば焼《や》き
1枚《いちまい》、1串《ひとくし》
ウナギ
1尾《いちび》、1本《いっぽん》
魚《さかな》が1回《いっかい》にうむ
卵《たまご》の量《りょう》が1腹《ひとはら》だよ。
たらこ2本《にほん》で
1腹《ひとはら》
すじこ
1腹《ひとはら》
イクラ
1粒《ひとつぶ》
エビ
1尾《いちび》
カニ
1杯《いっぱい》
マグロは大《おお》きい魚《さかな》だから
切《き》り分《わ》けていくと数《かぞ》え方《かた》が変《か》わるよ。
水《みず》あげされたマグロ
1本《いっぽん》
4《よっ》つに
切《き》り分《わ》けた身《み》
1丁《いっちょう》
おさしみに切《き》り分《わ》けると
1切《ひとき》れ
板《いた》のように切《き》ると
1冊《ひとさく》
ブロックみたいに切《き》ると
1《ひと》ころ

## 数《かぞ》え方《かた》まとめクイズ❶

# 正《ただ》しい数《かぞ》え方《かた》はどっち？

正《ただ》しい数《かぞ》え方《かた》の道《みち》を通《とお》りながら、スタートからゴールまで行《い》こう。

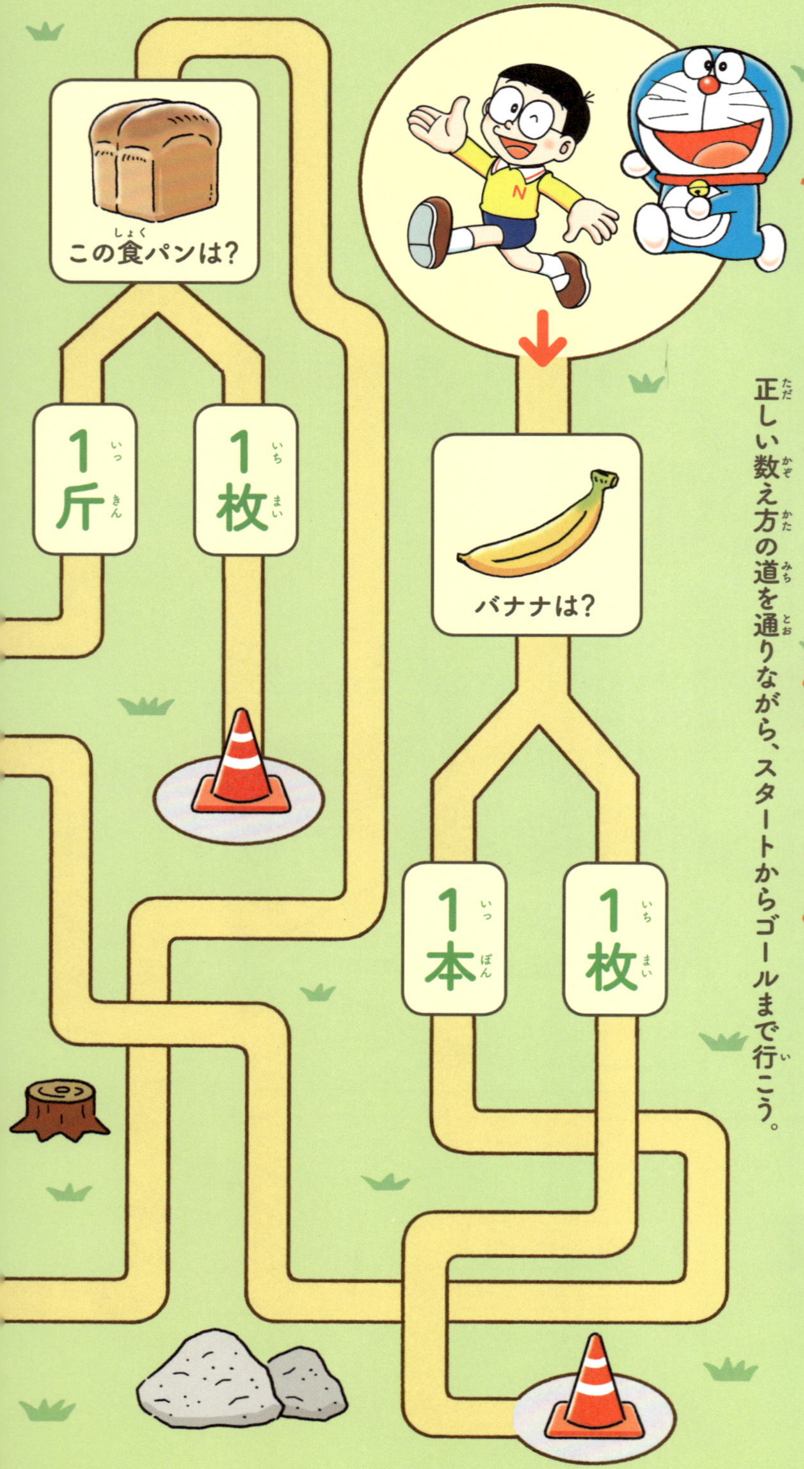

※答《こた》えは111ページだよ。

コラム1
数《かぞ》え方《かた》と
豆《まめ》知《ち》識《しき》

# おすしの数《かぞ》え方《かた》

　みんなが大好《だいす》きなおすしは、形《かたち》によって数《かぞ》え方《かた》がたくさんあります。巻《ま》きずしは長《なが》いと「1本《いっぽん》」、切《き》り分《わ》けると「1切《ひとき》れ」になります。手巻《てま》きずしは「1本《いっぽん》」、茶《ちゃ》きんずしやいなりずしは「1《いっ》個《こ》」と数《かぞ》えます。にぎりずしや軍《ぐん》かん巻《ま》きは「1個《いっこ》」や「1つ《ひと》」で数《かぞ》えるほかに、「1貫《いっかん》」と数《かぞ》えることもあります。これは昭《しょう》和《わ》の終《お》わりごろにできたすしの数《かぞ》え方《かた》です。回転《かいてん》ずし店《てん》で回《まわ》ってくるおすしは「1皿《ひとさら》」。配達《はいたつ》されるおすしは、桶《おけ》に盛《も》られていれば「1桶《ひとおけ》」とも数《かぞ》えます。

# 第《だい》2《に》章《しょう》

# 生《い》き物《もの》を数《かぞ》えてみよう

# 生《い》き物《もの》の数《かぞ》え方《かた》❶

## ―― 牧場《ぼくじょう》で動物《どうぶつ》を数《かぞ》えよう

ヒツジかわいいいね。ぼく、牧場《ぼくじょう》大好《だいす》き。
あっ魚《さかな》だ！細長《ほそなが》いのが1《いち》、2《に》、3本《さんぼん》いるよ。
生《い》きている魚《さかな》はみんな「1匹《いっぴき》」「2匹《にひき》」と数《かぞ》えるんだ。
細長《ほそなが》い魚《さかな》も平《ひら》べったい魚《さかな》も？
そう生《い》きていれば魚《さかな》の形《かたち》は関係《かんけい》ないんだね。
ドラえもんウシだよ！
ウシも生《い》きていれば「1匹《いっぴき》」なの？
ウシは「1頭《いっとう》」だよ。

大《おお》きな動物《どうぶつ》を数《かぞ》えるときの数《かぞ》え方《かた》なんだ。
じゃあイヌはどう?「1頭《いっとう》」?
いろいろな大《おお》きさのがいるから「頭《とう》」でも「匹《ひき》」でも数《かぞ》えるよ。
人間《にんげん》がだきかかえられるくらいの大《おお》きさなら「匹《ひき》」。それより大《おお》きいのが「頭《とう》」。
なるほどこっちが「1匹《いっぴき》」そっちは「1頭《いっとう》」だね。
ニワトリもだきかかえられるから「1匹《いっぴき》」?
いや、鳥《とり》の仲間《なかま》は「匹《ひき》」じゃなくて「羽《わ》」で数《かぞ》えるんだ。
ギャーッ
でもダチョウみたいに大《おお》きな鳥《とり》は「頭《とう》」で数《かぞ》えることもある。
生《い》き物《もの》は種類《しゅるい》と大《おお》きさで数《かぞ》え方《かた》が変《か》わるんだね。

# 絵図鑑《えずかん》 生《い》き物《もの》の数《かぞ》え方《かた》 1

## ―― 人《ひと》・動物《どうぶつ》など

ハト
1《いち》羽《わ》
コウモリ
1《いっ》匹《ぴき》、1《いち》羽《わ》
ゾウ
1《いっ》頭《とう》
飛《と》べなくても
鳥《とり》の仲間《なかま》は1《いち》羽《わ》。
ダチョウ
1《いち》羽《わ》、1《いっ》頭《とう》
ヒツジ
1《いっ》匹《ぴき》、1《いっ》頭《とう》
ニワトリ
1《いち》羽《わ》
キウイ
1《いち》羽《わ》
ワニ
1《いっ》匹《ぴき》、1《いっ》頭《とう》
イルカは
1《いっ》頭《とう》と数《かぞ》えるよ。
ヒヨコ
1《いち》羽《わ》
イルカ
1《いっ》頭《とう》
ペンギン
1《いち》羽《わ》

ここから読《よ》んでね

# 絵図鑑《えずかん》 生《い》き物《もの》の数《かぞ》え方《かた》1

## ——「頭《とう》」のはなし

今《いま》から150年《ねん》くらい前《まえ》、日本《にっぽん》は明治時代《めいじじだい》になり、西洋《せいよう》のように動物園《どうぶつえん》を開《ひら》きたいと思《おも》う人《ひと》が現《あらわ》れました。

動物学《どうぶつがく》の英語《えいご》の本《ほん》では、動物《どうぶつ》を“head《ヘッド》”と数《かぞ》えていました。それは、日本語《にほんご》にはない考《かんが》え方《かた》でした。

外国《がいこく》の本《ほん》から勉強《べんきょう》しよう。

“head《ヘッド》”は英語《えいご》で「頭《あたま》」のこと。

では、動物学《どうぶつがく》で研究《けんきゅう》したり、動物園《どうぶつえん》で飼《か》ったりする動物《どうぶつ》たちを「頭《とう》」で数《かぞ》えてみてはどうだろう？

こうして「頭《とう》」を使《つか》い始《はじ》めたところ、それまで「匹《ひき》」しかなかった日本《にっぽん》でもすぐに受《う》け入《い》れられ、30年《ねん》くらいで広《ひろ》まりました。「頭《とう》」は日本語《にほんご》の数《かぞ》え方《かた》の中《なか》では新《あたら》しいものなのです。

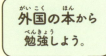

それ以来《いらい》、人間《にんげん》が
だきかかえられない
ほどの大《おお》きさの動物《どうぶつ》
を数《かぞ》えるときや

人間《にんげん》が訓練《くんれん》した動物《どうぶつ》、人間《にんげん》の役《やく》に立《た》つ動物《どうぶつ》、
コンテストで活躍《かつやく》する動物《どうぶつ》など、
人間《にんげん》にとって特別《とくべつ》な動物《どうぶつ》は
「頭《とう》」で数《かぞ》えるようになりました。

コレクションするめずらしい虫《むし》も
「1頭《いっとう》」。

チョウはその代表《だいひょう》ですね。

研究《けんきゅう》に役立《やくだ》つ
小《ちい》さな昆虫《こんちゅう》だって。

1頭《いっとう》1頭《いっとう》
育《そだ》っている。

絹《きぬ》を作《つく》るためのカイコも
役《やく》に立《た》つ生《い》き物《もの》なので、
昔《むかし》の人《ひと》は「1頭《いっとう》」と数《かぞ》えたのです。

値段《ねだん》の高《たか》い
クワガタムシやカブトムシも
「1頭《いっとう》」。

人間《にんげん》にとって特別《とくべつ》な生《い》き物《もの》は「匹《ひき》」より「頭《とう》」で数《かぞ》えます。

# 生《い》き物《もの》の数《かぞ》え方《かた》②

## ——天使《てんし》とジャイアンはどう数《かぞ》えるの？

動物《どうぶつ》の数《かぞ》え方《かた》はわかったけど人間《にんげん》も動物《どうぶつ》だよね。
だったら人間《にんげん》の子《こ》どもは「1匹《いっぴき》」大人《おとな》は「1頭《いっとう》」なの？
それはちがうんだ。人間《にんげん》は特別《とくべつ》な存在《そんざい》だから、体《からだ》の大《おお》きさに関係《かんけい》なく「1人《ひとり》」「2人《ふたり》」って数《かぞ》えるよ。
ふうん、人間《にんげん》は特別《とくべつ》なのか。
人間《にんげん》じゃなくても「1人《ひとり》」と数《かぞ》えるものもある。
たとえばぼく！
ドラえもんはロボットだしタヌキに似《に》てるから「1匹《いっぴき》」だろ。
ぼくはタヌキじゃなーい!!!
ぼくは言葉《ことば》も話《はな》すし2《に》本《ほん》足《あし》で歩《ある》いて人間《にんげん》と同《おな》じように生活《せいかつ》してるから「1人《ひとり》」なんだ。
なるほど。

ほかにも人間《にんげん》じゃないのに「1人《ひとり》」って数《かぞ》えるものはある？
想像《そうぞう》の世界《せかい》だと天使《てんし》や人魚《にんぎょ》は「1人《ひとり》」だね。
天使《てんし》や人魚《にんぎょ》は人間《にんげん》の友《とも》だちだから同《おな》じ仲間《なかま》の「1人《ひとり》」って数《かぞ》えることが多《おお》いよ。
人間《にんげん》に親《した》しみがあるってことが大切《たいせつ》なのか。
逆《ぎゃく》におにやあくまは人間《にんげん》に悪《わる》いことをするから、人間《にんげん》の仲間《なかま》というより動物《どうぶつ》と同《おな》じ。だから「1匹《いっぴき》」って数《かぞ》えるんだ。
じゃあジャイアンは「1匹《いっぴき》」だね！
の、のび太《た》くんうしろ…。
のび太《た》～！今《いま》の聞《き》いたぞ!!
わああ、ごめんなさ～い！ジャイアンは天使《てんし》と同《おな》じ「1人《ひとり》」です～！

# 絵《え》図《ず》鑑《かん》 生《い》き物《もの》の数《かぞ》え方《かた》 ②

## —— 想《そう》像《ぞう》上《じょう》の生《い》き物《もの》

おに
1《いっ》匹《ぴき》

あくま
1《いっ》匹《ぴき》

りゅう
1《いっ》匹《ぴき》

ミイラ
1《いっ》体《たい》

人間《にんげん》をおどかしたり、
傷《きず》つけたりするものは
1《いっ》匹《ぴき》や1《いっ》体《たい》と数《かぞ》えるよ。

半魚人《はんぎょじん》
1《いっ》匹《ぴき》

おばけ
1《いっ》体《たい》

天使《てんし》
1人《ひとり》

ようせい
1人《ひとり》

同《おな》じおにでも、
心《こころ》がやさしいおには、
人間《にんげん》と同《おな》じように数《かぞ》えるよ。

小人《こびと》
1人《ひとり》

おに
1人《ひとり》

人間《にんげん》の仲間《なかま》に
見《み》えるものは
1人《ひとり》なんだね。

まほう使《つか》い
1人《ひとり》

人魚《にんぎょ》
1人《ひとり》

# 植物《しょくぶつ》・花《はな》の数《かぞ》え方《かた》

## ——しずちゃんに花束《はなたば》を！

もうすぐしずちゃんの誕生日《たんじょうび》なんだ。プレゼントに花《はな》なんかどう？
いろいろあるね。
いらっしゃいませ。
友《とも》だちのプレゼントにしたいんですけど。
こちらのマーガレット「1鉢《ひとはち》」はいかがですか？
うーんごうかな花束《はなたば》がいいんですけど。
ではこちらのチューリップ10本《じっぽん》で「1束《ひとたば》」はいかがですか？
こりゃいいや。

これにカスミソウを「1枝《ひとえだ》」入《い》れるともっとごうかになりますよ。
ぜひお願《ねが》いします!
2《に》千《せん》円《えん》になります。
2《に》千《せん》円《えん》!
ショボ
結局《けっきょく》買《か》えたのはバラ「1輪《いちりん》」か。
これじゃかっこ悪《わる》いよー!!!
ほら。
そうか!「数《かぞ》えまち貝《がい》」に「1輪《いちりん》」のバラを入《い》れて「束《たば》」に変《か》えると…。
やったあ!ごうかな花束《はなたば》になったぞ!
バラ「1束《ひとたば》」。
これでしずちゃんも喜《よろこ》ぶね。
ポコッ
束

# 絵図鑑《えずかん》 植物《しょくぶつ》・花《はな》の数《かぞ》え方《かた》

つぼみ
1個《いっこ》

さき始《はじ》め
1個《いっこ》、1輪《いちりん》

花《はな》
1輪《いちりん》

花束《はなたば》
1束《ひとたば》

「輪《りん》」で数《かぞ》えるのは、車輪《しゃりん》の形《かたち》と花《はな》の形《かたち》が似《に》ているから。

花《はな》びら
1枚《いちまい》、1片《ひとひら》

カスミソウ
1枝《ひとえだ》

車輪《しゃりん》の形《かたち》に似《に》ていない花《はな》は1本《いっぽん》。

ユリ
1本《いっぽん》

チューリップ
1本《いっぽん》

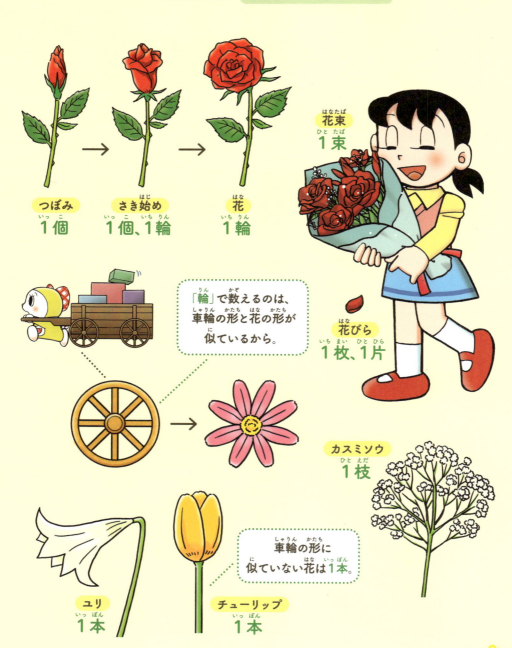

スイセン 1《ひと》鉢《はち》

鉢《はち》に植《う》わっているもの。

くき 1《いっ》本《ぽん》

細長《ほそなが》い葉《は》 1《いっ》本《ぽん》

球根《きゅうこん》 1《いっ》球《きゅう》、1《いっ》個《こ》

根《ね》 1《いっ》本《ぽん》

はばの広《ひろ》い葉《は》 1《いち》枚《まい》

作品《さくひん》や商品《しょうひん》は1《いっ》点《てん》だよ。

花《はな》のアレンジメント 1《いっ》点《てん》

生《い》け花《ばな》 1《いっ》点《てん》

種《たね》 1《ひと》粒《つぶ》

種《たね》 1《ひと》袋《ふくろ》

おし花《ばな》 1《いち》枚《まい》

花《はな》の胸《むね》かざり 1《いっ》個《こ》

運動会《うんどうかい》やお祭《まつ》りでかざる、紙《かみ》で作《つく》る花《はな》は1《いっ》個《こ》だよ。

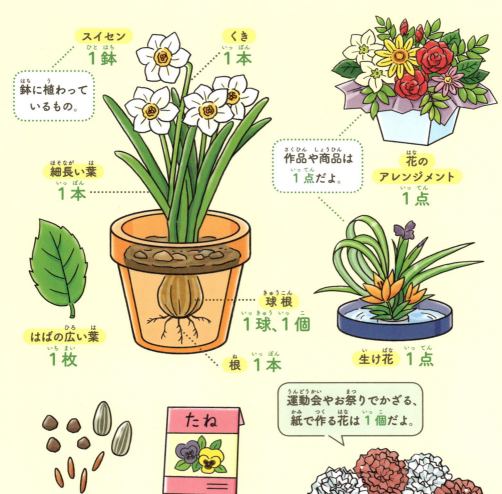

# 体《からだ》から出《で》るものの数《かぞ》え方《かた》

## ——体《からだ》から出《で》る「1発《いっぱつ》」は?

しずちゃん すっごく 喜《よろこ》んでたね。
ほんと ほんと。ちょっと 泣《な》いてたよね。
うん、なみだがほっぺを「1個《いっこ》」ツーっと。
のび太《た》くん ああいう なみだは「1筋《ひとすじ》」っていうんだ。
なみだは 雨《あめ》みたいに 流《なが》れるから「1滴《いってき》」でも いいんじゃないの?
それだと 目薬《めぐすり》みたいだねえ。
耳《みみ》あかや 鼻《はな》くそみたいに 体《からだ》からポロッと 出《で》るものは「1《ひと》かけら」。
ムグ
ムグ
体《からだ》から 出《で》るものは なみだだけじゃ なくて いろんな 数《かぞ》え方《かた》が あるんだ。

ハ……ハ……
ハクション！
びっくりした！くしゃみは「1回《いっかい》」だね。
ごめんごめん、今《いま》のは大《おお》きかったから「1発《いっぱつ》」でいいかな。
大《おお》きなおならも「1発《いっぱつ》」だね。
そう。
のび太《た》！おまえしずちゃんにりっぱな花束《はなたば》をわたしたんだって？
おかげでオレ様《さま》のプレゼントがかすんだじゃないか。
ゴチン
いたい！パンチ「1発《いっぱつ》」もらっちゃった。

# 絵図鑑《えずかん》 体《からだ》から出《で》るものの数《かぞ》え方《かた》

ヤッホー！

声《こえ》
1声《いっせい》

ゴホンッ！

せき
1回《いっかい》

くしゃみ 1回《いっかい》
大《おお》きいくしゃみ は 1発《いっぱつ》

はっくしょん！

鼻水《はなみず》
1《ひと》垂《た》れ

おなら 1回《いっかい》
大《おお》きいおなら くさいおなら は 1発《いっぱつ》

なみだ

ほおを伝《つた》うと1《ひと》筋《すじ》

ポロリと落《お》ちると1《ひと》粒《つぶ》

耳《みみ》あか　鼻《はな》くそ　目《め》やに

1《ひと》かけら

大《おお》きければ1《いっ》個《こ》。
「1《ひと》粒《つぶ》」とはいわないよ。

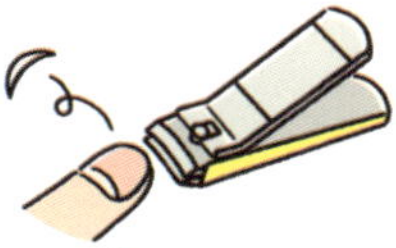

切《き》ったツメ

1《いっ》片《ぺん》

犬《いぬ》のうんち

1《いっ》個《こ》

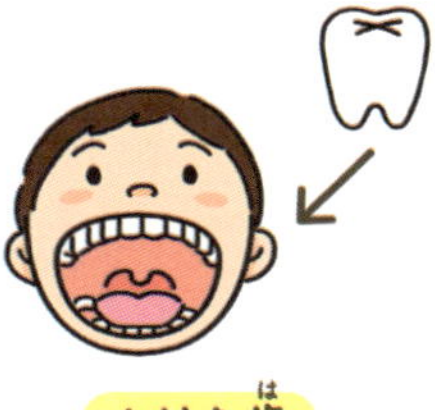

ぬけた歯《は》

1《いっ》本《ぽん》

おしっこ

1《いっ》回《かい》

わっ！ おならにも
数《かぞ》え方《かた》があるんだね。

## 数《かぞ》え方《かた》まとめクイズ②

# 頭《とう》で数《かぞ》えるものはどれ？

それぞれの島《しま》にあるものは、どう数《かぞ》えるのかな？
「頭《とう》」で数《かぞ》えるものがいる島《しま》だけを通《とお》って、スタートからゴールまで行《い》こう。

※答《こた》えは111ページだよ。

# 薬《くすり》の数《かぞ》え方《かた》

薬《くすり》にはいろいろな形《かたち》があります。水《みず》といっしょに飲《の》むコロンとした錠剤《じょうざい》は「1錠《いちじょう》、2錠《にじょう》」と数《かぞ》えます。カプセルなら「1《いち》カプセル」、小《ちい》さな袋《ふくろ》に包《つつ》まれている粉薬《こなぐすり》は「1包《いっぽう》」、瓶《びん》に入《はい》っているシロップは「1瓶《ひとびん》」です。また、薬《くすり》が1列《いちれつ》に並《なら》んでいるシートは「1《いち》シート」、チューブ入《い》りのなんこう薬《やく》は「1本《いっぽん》」。おしりから入《い》れる座薬《ざやく》は、飲《の》み薬《ぐすり》とは区別《くべつ》して「1個《いっこ》」と数《かぞ》えます。

1回《いっかい》に飲《の》む薬《くすり》を「1服《いっぷく》」といいますが、薬《くすり》をなぜ洋服《ようふく》のように数《かぞ》えるのでしょう？　それは、「服《ふく》」という字《じ》には「ぴったり身《み》につける」という意味《いみ》があるからです。服《ふく》が体《からだ》の外《そと》をぴったりおおうように、薬《くすり》は体《からだ》の中《なか》で悪《わる》いところをぴったりおおって効《き》き目《め》を表《あらわ》すものなのです。

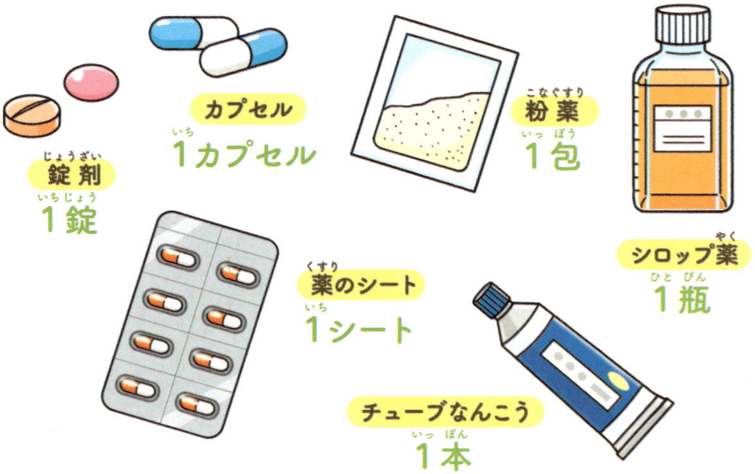

# 第《だい》3《さん》章《しょう》

# 暮《く》らしの中《なか》で数《かぞ》えてみよう

# キッチン・食卓《しょくたく》のものの数《かぞ》え方《かた》

## ―― 配膳《はいぜん》にも数《かぞ》え方《かた》いろいろ

のび太《た》、ドラちゃん、ちょっと手伝《てつだ》ってちょうだい。
はーい。
煮物《にもの》を「1鉢《ひとはち》」ずつ盛《も》りつけてくれる?
4人分《よにんぶん》だね。
今日《きょう》はお客様《きゃくさま》がいらっしゃるから5人分《ごにんぶん》なの。
「1人前《いちにんまえ》」はこのくらいの分量《ぶんりょう》でね。
はいできたよ。
今度《こんど》はおみそしるをよそってくれる?
アチチ、これだけふたがついてる。
お客様用《きゃくさまよう》が「1客《いっきゃく》」だけあるのよ。
「1客《いっきゃく》」?
お客様《きゃくさま》の食器《しょっき》は数《かぞ》え方《かた》がちがうんだよ。
へえなんだかごうかだね。

次《つぎ》はお箸《はし》を並《なら》べてちょうだい。
わかった。
お箸《はし》は2本《にほん》ずつだね。
そうよ。お箸《はし》は2本《にほん》で「1膳《いちぜん》」というのよ。
ってことは10本《じっぽん》で「5膳《ごぜん》」並《なら》べるんだね。
最後《さいご》はごはん。これも「5膳《ごぜん》」お願《ねが》いね。
ごはんってお箸《はし》と同《おな》じ数《かぞ》え方《かた》なの？ごはんは「1杯《いっぱい》」だと思《おも》ってた！
「膳《ぜん》」ともいうのよ。
昔《むかし》はごはんもお箸《はし》もお膳《ぜん》に乗《の》せて食事《しょくじ》をしていたから同《おな》じ数《かぞ》え方《かた》をするの。
「膳《ぜん》」で数《かぞ》えるといつものごはんがありがたく感《かん》じられるね！
さあいただきましょう。

絵図鑑《えずかん》

# キッチン・食卓《しょくたく》のものの数《かぞ》え方《かた》

# 食卓《しょくたく》で食《た》べるもの・使《つか》うものの数《かぞ》え方《かた》

箸《はし》でちょっとつまむと1箸《ひとはし》。
1箸《ひとはし》
平皿《ひらざら》に盛《も》られたごはん
1皿《ひとさら》
カレー皿《ざら》に盛《も》られたごはん
1杯《いっぱい》
ごはん
1膳《いちぜん》、1杯《いっぱい》
ごはん
1《ひと》よそい
1《ひと》さじ
みそしる
1杯《いっぱい》、1椀《ひとわん》
ふたつきお椀《わん》
1客《いっきゃく》
小鉢《こばち》（小《ちい》さい器《うつわ》）に入《はい》っているもの
1鉢《ひとはち》
スープ 1杯《いっぱい》
お箸《はし》 1本《いっぽん》
お箸《はし》 1膳《いちぜん》
割《わ》り箸《ばし》 1膳《いちぜん》
お箸《はし》もごはんも昔《むかし》はお膳《ぜん》でいただいたから、同《おな》じ数《かぞ》え方《かた》なんだね。
菜箸《さいばし》は、お膳《ぜん》で使《つか》わないから1膳《いちぜん》で数《かぞ》えないよ。
菜箸《さいばし》
1組《ひとくみ》
おしぼり
1本《いっぽん》
お膳《ぜん》 1卓《いったく》

# 教室《きょうしつ》・学校《がっこう》のものの数《かぞ》え方《かた》

## ——色《いろ》えんぴつを12本《ほん》そろえよう

のび太《た》 明日《あした》の学校《がっこう》の準備《じゅんび》をしてからねなさい。
はーい! ちぇっ めんどくさいなあ。
明日《あした》は図工《ずこう》があるんだろ。
そうだ、12色《じゅうにしょく》の色《いろ》えんぴつを持《も》っていかなきゃ。
あれ? どこにもない。
ここに赤《あか》の色《いろ》えんぴつが1本《いっぽん》落《お》ちてるよ。

ほかの色《いろ》は…見当《みあ》たらない!
そうだ!「数《かぞ》えまち貝《がい》」を貸《か》して。
12本《じゅうにほん》に増《ふ》やすにはどんな数《かぞ》え方《かた》をしたらいいの?
えんぴつなら12本《じゅうにほん》で「1《いち》ダース」だね。
ダース
わかった「ダース」だね。
これで探《さが》す手間《てま》がはぶける♪
うまくいくかなあ。
あれ?赤《あか》い色《いろ》えんぴつが12本《じゅうにほん》になっちゃった。
赤《あか》えんぴつ「1《いち》ダース」。
ポコ
ポコ
なるほど〜、同《おな》じものが12《じゅうに》で「1《いち》ダース」だから赤《あか》えんぴつばかりが増《ふ》えちゃったんだね。

# 絵図鑑《えずかん》 教室《きょうしつ》・学校《がっこう》のもの

## の数《かぞ》え方《かた》

時間割

| | 月 | 火 | 水 | 木 | 金 |
|---|---|---|---|---|---|
| 1 | 国 | 算 | 国 | 理 | 社 |
| 2 | 社 | 体 | 社 | 国 | 国 |
| 3 | 音 | 図 | 算 | 体 | 算 |
| 4 | 算 | 図 | 理 | 家 | 学活 |
| 5 | 家 | 道 | 学活 | 習学 | 理 |
| 6 | | 社 | | 音 | |

クラスの数《かぞ》え方《かた》は
いろいろ。

- 1《ひと》クラス
- 1組《いちくみ》
- 1学級《いちがっきゅう》

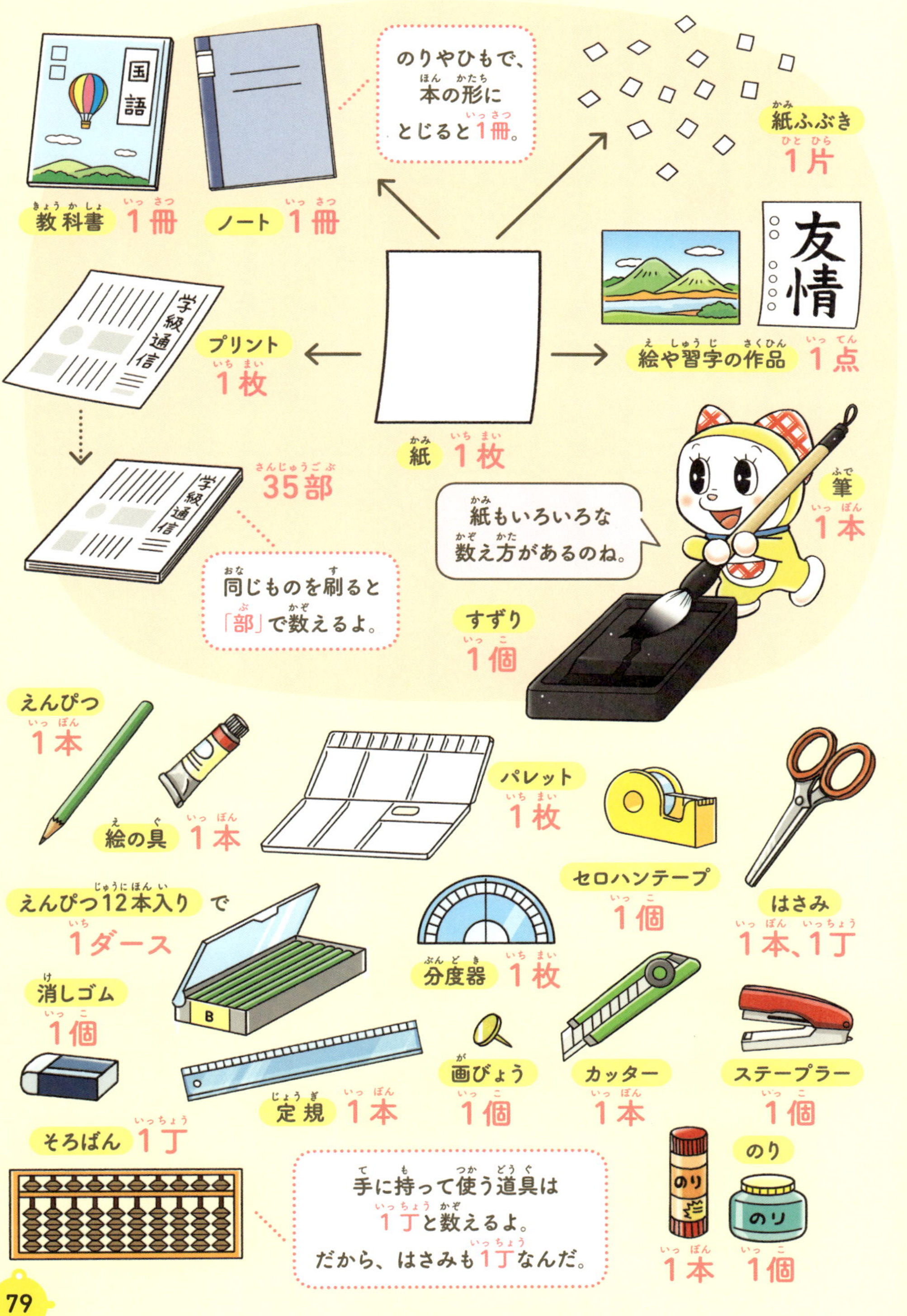
国語
教科書《きょうかしょ》 1冊《いっさつ》
ノート 1冊《いっさつ》
のりやひもで、本《ほん》の形《かたち》にとじると1冊《いっさつ》。
紙《かみ》ふぶき 1片《ひとひら》
友情
絵《え》や習字《しゅうじ》の作品《さくひん》 1点《いってん》
学級通信
プリント 1枚《いちまい》
紙《かみ》 1枚《いちまい》
35部《さんじゅうごぶ》
同《おな》じものを刷《す》ると「部《ぶ》」で数《かぞ》えるよ。
紙《かみ》もいろいろな数《かぞ》え方《かた》があるのね。
筆《ふで》 1本《いっぽん》
すずり 1個《いっこ》
えんぴつ 1本《いっぽん》
絵《え》の具《ぐ》 1本《いっぽん》
パレット 1枚《いちまい》
セロハンテープ 1個《いっこ》
はさみ 1本《いっぽん》、1丁《いっちょう》
えんぴつ12本入《じゅうにほんい》りで 1《いち》ダース
B
分度器《ぶんどき》 1枚《いちまい》
消《け》しゴム 1個《いっこ》
画《が》びょう 1個《いっこ》
カッター 1本《いっぽん》
ステープラー 1個《いっこ》
定規《じょうぎ》 1本《いっぽん》
そろばん 1丁《いっちょう》
手《て》に持《も》って使《つか》う道具《どうぐ》は1丁《いっちょう》と数《かぞ》えるよ。だから、はさみも1丁《いっちょう》なんだ。
のり
のり 1本《いっぽん》
のり 1個《いっこ》

# 部屋《へや》にあるものの数《かぞ》え方《かた》

## ——理想《りそう》のたんすを探《さが》してみよう

うーん…。
ママなにを見《み》てるの？
家具《かぐ》のカタログよ。
なにか買《か》うの？
服《ふく》が増《ふ》えて衣装《いしょう》ケース「1《いっ》個《こ》」じゃ入《はい》りきらないのよ。
たんすを買《か》ったら？
たんす「1《いち》台《だい》」となると大《おお》きくて部屋《へや》に入《はい》らないわ。
これなんか引《ひ》き出《だ》しが「4《よん》杯《はい》」もついた一《いっ》点《てん》物《もの》でステキよね。

もうちょっと小《ちい》さいたんすにしたら？
カタログにはないのよ。
だいじょうぶ！衣装《いしょう》ケースを「数《かぞ》えまち貝《がい》」に入《い》れて、
ギュウ
ギュウ
数《かぞ》え方《かた》を「棹《さお》」に合《あ》わせる。
棹
たんす「1《ひと》棹《さお》」。
あら小《ちい》さいたんす。
ポコ！
これなら置《お》けるね。
ありがとうドラちゃん。
でもっ引《ひ》き出《だ》しが開《あ》かないわ。
しまった！「1《ひと》棹《さお》」で数《かぞ》えるのは江《え》戸《ど》時《じ》代《だい》のたんすだから古《ふる》すぎて開《あ》けづらいんだね。

# 絵《え》図《ず》鑑《かん》 部《へ》屋《や》にあるものの数《かぞ》え方《かた》

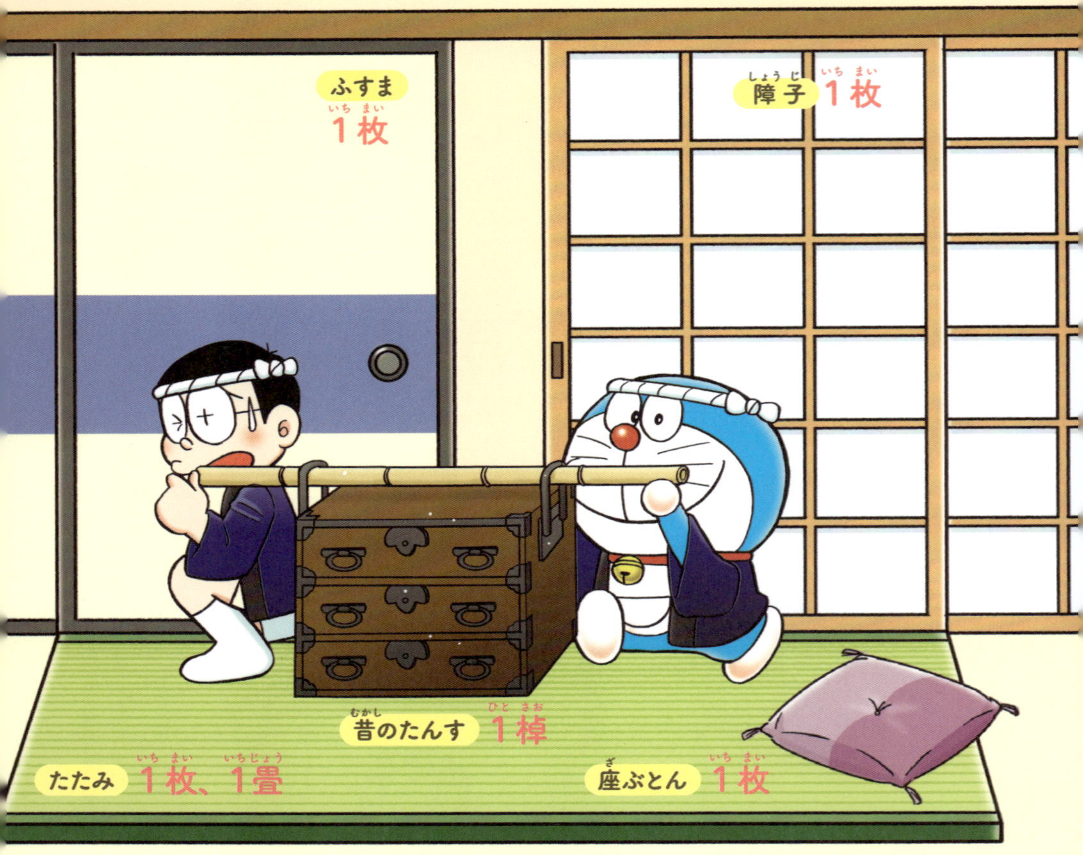


脚《あし》がわかりにくいものは 1台《いちだい》。

脚《あし》があるから 1脚《いっきゃく》。

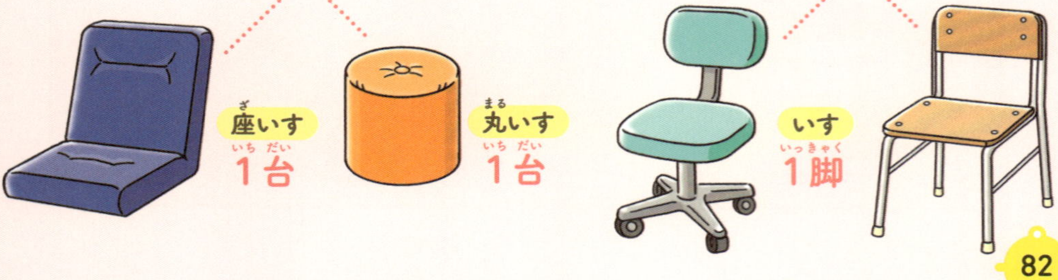

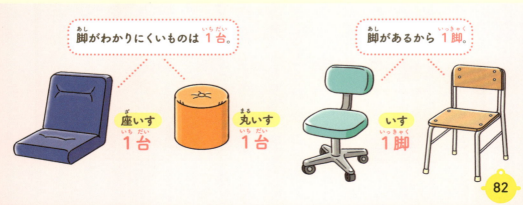

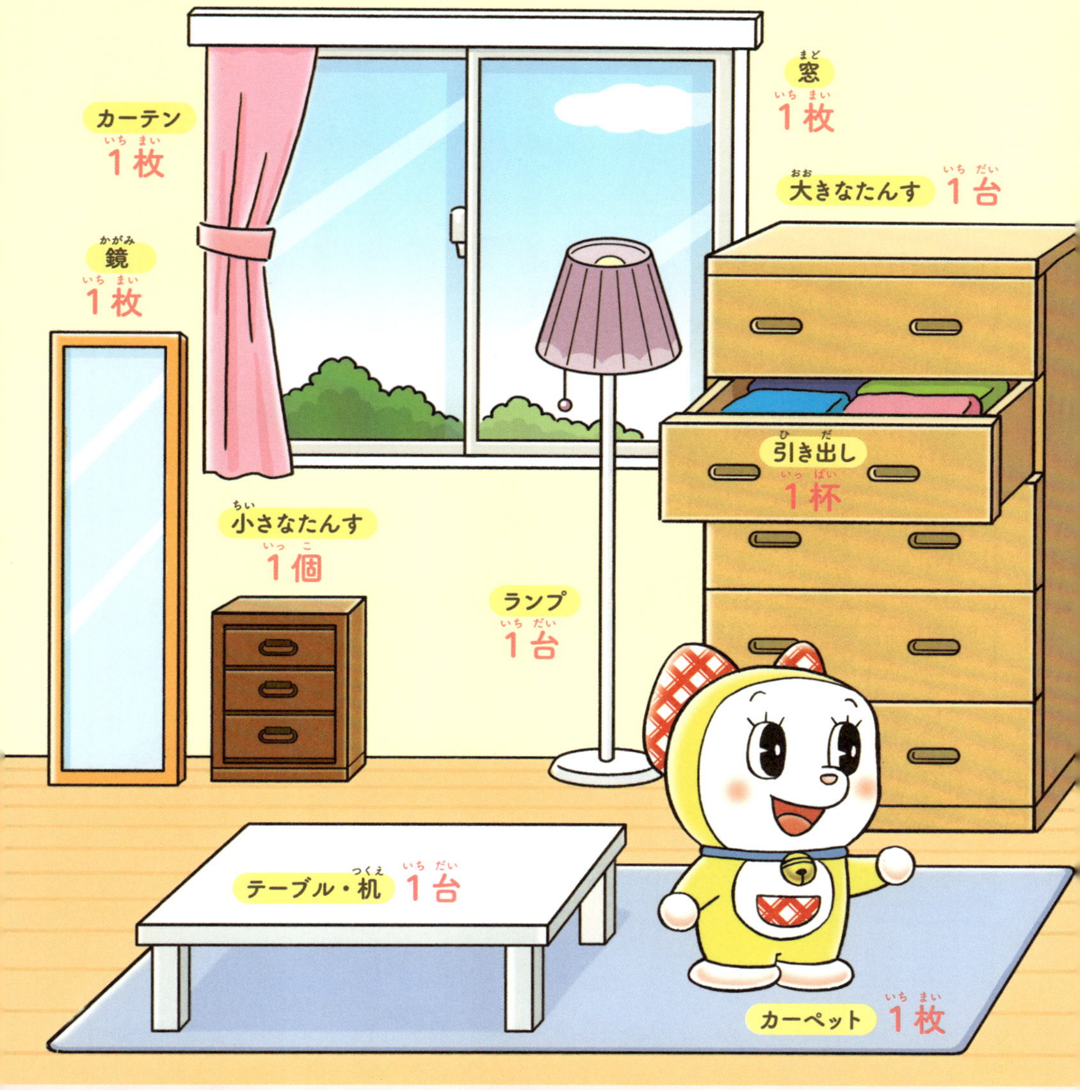


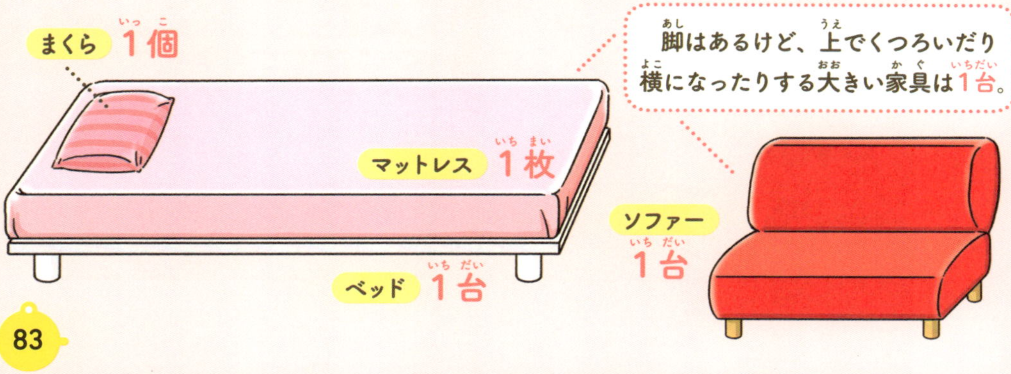


脚《あし》はあるけど、上《うえ》でくつろいだり横《よこ》になったりする大《おお》きい家《か》具《ぐ》は1台《いちだい》。

# 身《み》につけるものの数《かぞ》え方《かた》

## —— イカのくつは、なん足《そく》?

のび太《た》くん ケンケンで どうしたの?
明日《あした》の天気《てんき》を うらなおうとして くつをポーン! ってしたら なくなっちゃったんだ。
ドジだなあ。ママに おこられるよ。
どうしよう。
じゃ、残《のこ》ったくつを貸《か》して。
「数《かぞ》えまち貝《がい》」に入《い》れて「足《そく》」に合《あ》わせる。
足
くつ「1足《いっそく》」。
やった! 両足《りょうあし》そろった!
ポコッ

なんで？どうして？？
両足《りょうあし》にはくものは左右《さゆう》そろうと「足《そく》」と数《かぞ》えるからなんだ。
片方《かたほう》だけだと数《かぞ》え方《かた》がちがうの？
形《かたち》に合《あ》わせて「1個《いっこ》」とか「1枚《いちまい》」になるよ。
左右《さゆう》2個《にこ》で「1足《いっそく》」っていうんだね。
じゃあさ、もし3本足《さんぼんあし》の宇宙人《うちゅうじん》がくつをはいたらどうなるの？
3個《さんこ》で「1足《いっそく》」になるね。
じゃあイカがくつをはきたいっていったら…。
10個《じっこ》で「1足《いっそく》」だ！
天気《てんき》うらないが何回《なんかい》もできてうらやましいよ。
でも、くつをはくのが大変《たいへん》そうだけどね。

# 絵《え》図《ず》鑑《かん》 身《み》につけるものの数《かぞ》え方《かた》

スーツ
1着《いっちゃく》
コート
1着《いっちゃく》
T《ティー》シャツ
1枚《いちまい》
下着《したぎ》
1枚《いちまい》
ふだん着《ぎ》や下着《したぎ》は1枚《いちまい》。
パンツ
1枚《いちまい》
短《みじか》いズボン
1枚《いちまい》
長《なが》ズボン
1本《いっぽん》
中《ちゅう》くらいのたけのズボン
1枚《いちまい》、1本《いっぽん》
どちらで数《かぞ》えてもOK《オーケー》
ストッキングやタイツ
1足《いっそく》
ネクタイ
1本《いっぽん》
ベルト
1本《いっぽん》
スカートは、たけの長《なが》さに関係《かんけい》なく1枚《いちまい》。
短《みじか》いスカート
1枚《いちまい》
長《なが》いスカート
1枚《いちまい》
真珠《しんじゅ》のネックレス
1連《いちれん》
うで時計《どけい》
1本《いっぽん》
指輪《ゆびわ》
1個《いっこ》
顔全体《かおぜんたい》をおおうゴーグルは1面《いちめん》。
ネックレス
1本《いっぽん》
かさは、開《ひら》いても閉《と》じても1本《いっぽん》。
かさ
1本《いっぽん》

# 機械《きかい》・家電《かでん》の数《かぞ》え方《かた》

## ——「数《かぞ》えまち貝《がい》」でネズミを退治《たいじ》？

ギャー!!
ど、どうしたのドラえもん。
ネ、ネ、ネズミ。
ああ、なんだちっちゃいのだよ。
のんきなこといってないで助《たす》けてよ!!
しょうがないなあ。
チュウ
ギャア!!
チュ!
あ!「数《かぞ》えまち貝《がい》」に入《はい》っちゃった!

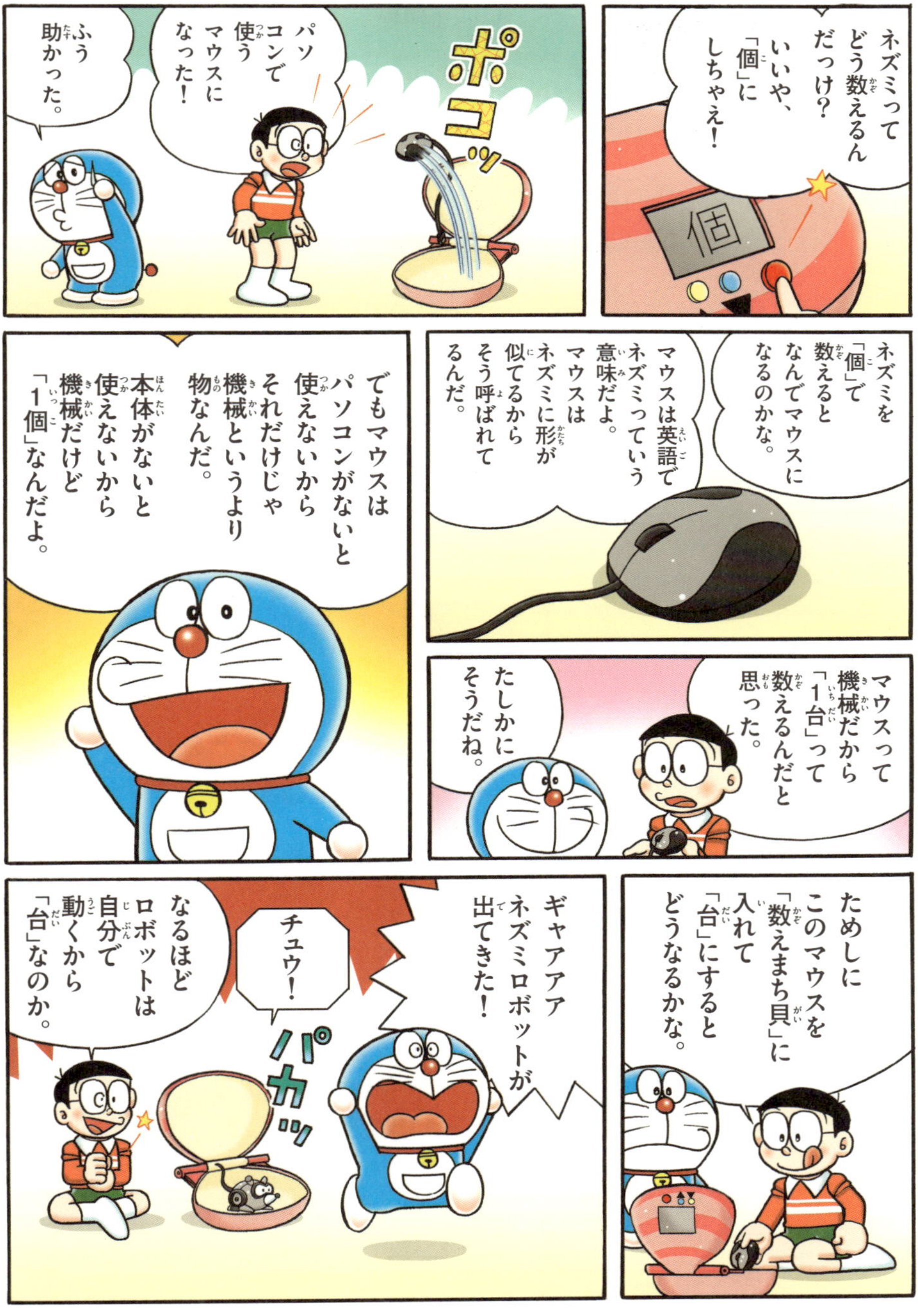
ネズミって どう数《かぞ》えるん だっけ？
いいや、「個《こ》」に しちゃえ！
個
ポコッ
パソコンで使《つか》うマウスになった！
ふう助《たす》かった。
ネズミを「個《こ》」で数《かぞ》えるとなんでマウスになるのかな。
マウスは英語《えいご》でネズミっていう意味《いみ》だよ。マウスはネズミに形《かたち》が似《に》てるからそう呼《よ》ばれてるんだ。
マウスって機械《きかい》だから「1台《いちだい》」って数《かぞ》えるんだと思《おも》った。
たしかにそうだね。
でもマウスはパソコンがないと使《つか》えないからそれだけじゃ機械《きかい》というより物《もの》なんだ。本体《ほんたい》がないと使《つか》えないから機械《きかい》だけど「1個《いっこ》」なんだよ。
ためしにこのマウスを「数《かぞ》えまち貝《がい》」に入《い》れて「台《だい》」にするとどうなるかな。
ギャアアアネズミロボットが出《で》てきた！
チュウ！
パカッ
なるほどロボットは自分《じぶん》で動《うご》くから「台《だい》」なのか。

# 絵《え》図《ず》鑑《かん》 機《き》械《かい》・家《か》電《でん》の数《かぞ》え方《かた》

冷蔵庫《れいぞうこ》
1《いち》台《だい》

せんぷう機《き》
1《いち》台《だい》

せんたく機《き》 1《いち》台《だい》

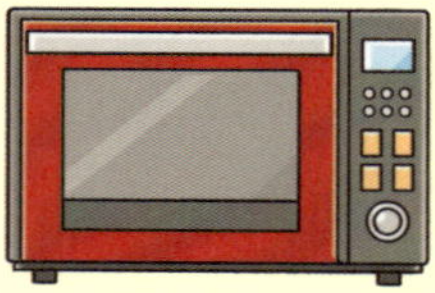

電子《でんし》レンジ
1《いち》台《だい》

電気《でんき》で動《うご》かすものは
だいたい1《いち》台《だい》だね。

ドライヤー
1《いち》台《だい》

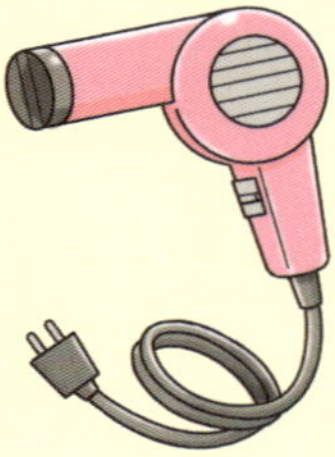

炊飯器《すいはんき》
1《いち》台《だい》

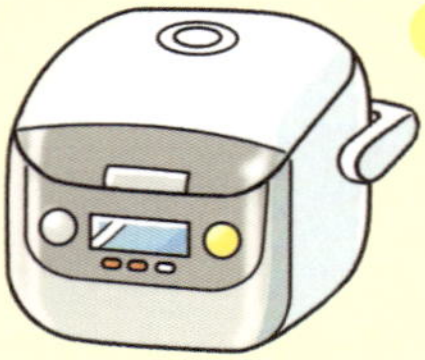

そうじ機《き》
1《いち》台《だい》

カメラ
1《いち》台《だい》

スマートフォン
1《いち》台《だい》

タブレット
1《いち》台《だい》

電動歯《でんどうは》ブラシ
1《いち》台《だい》、1《いっ》個《こ》

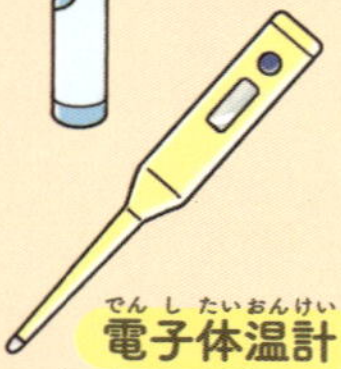

電子体温計《でんしたいおんけい》
1《いち》台《だい》、1《いっ》個《こ》

長《なが》いものは1《いっ》本《ぽん》。
小《ち》さくて丸《まる》いものは1《いっ》個《こ》。

電池《でんち》
1《いっ》本《ぽん》

ボタン電池《でんち》
1《いっ》個《こ》

コード
1《いっ》本《ぽん》

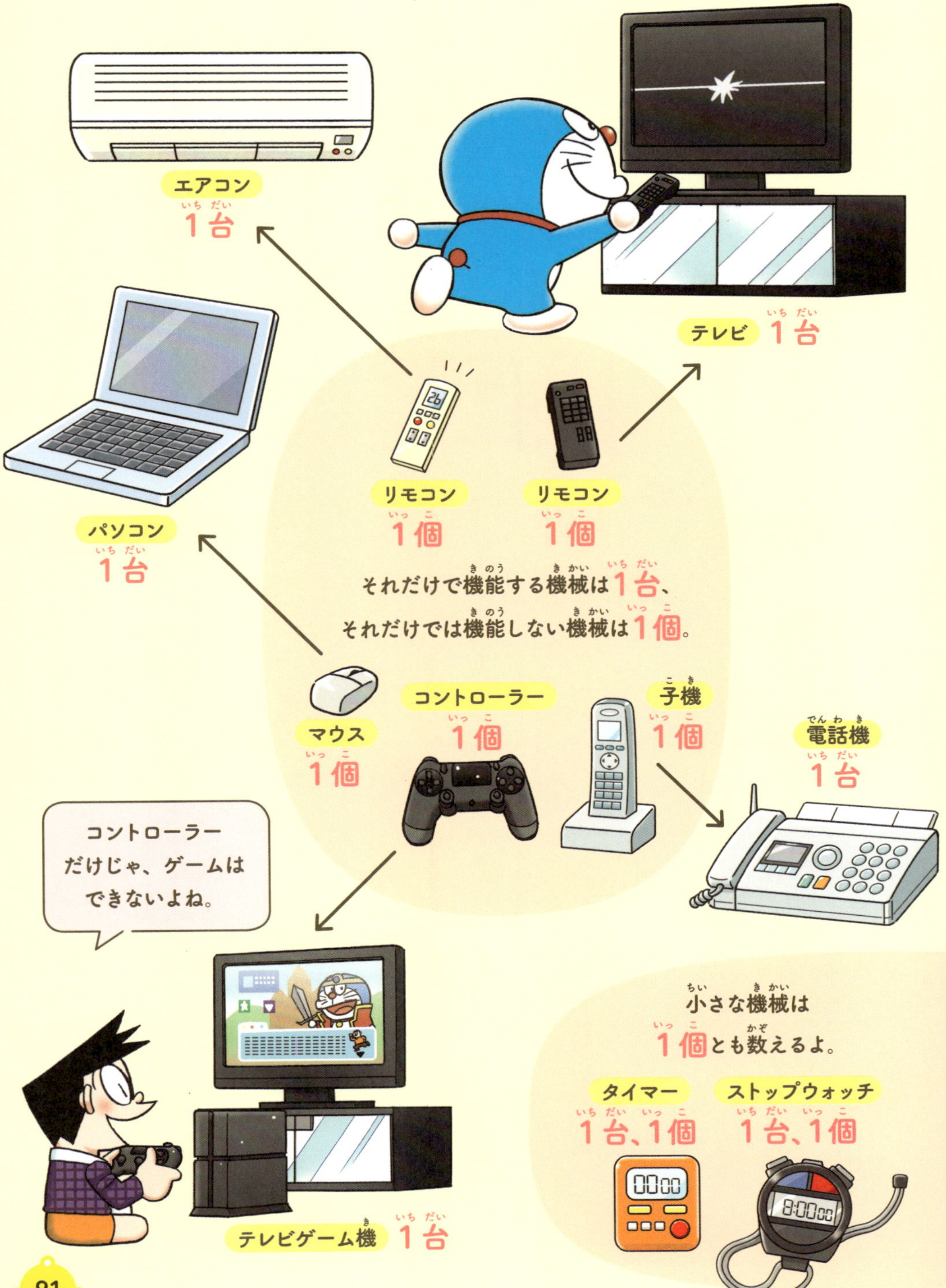


それだけで機能《きのう》する機械《きかい》は1台《いちだい》、
それだけでは機能《きのう》しない機械《きかい》は1個《いっこ》。

小《ちい》さな機械《きかい》は
1個《いっこ》とも数《かぞ》えるよ。

# 数《かぞ》え方《かた》まとめクイズ③

# クロスワードパズルにチャレンジ!

タテとヨコのなぞなぞを解《と》いて、あてはまるものをヒントから選んで、名前《なまえ》をマスに書《か》こう。全部《ぜんぶ》解《と》けたら、1～5の□(太《ふと》わく)の文字《もじ》をつなげて読《よ》んでみてね。

**1**

タテ

昔《むかし》は「1棹《ひとさお》」と数《かぞ》えたよ。
洋服《ようふく》などをしまう家具《かぐ》。

ヨコ

「1脚《いっきゃく》」と数《かぞ》えるよ。
座《すわ》るとらくちん。

**2**

タテ

「1丁《いっちょう》」と数《かぞ》えるよ。
計算《けいさん》するときに使《つか》うもの。

ヨコ

2枚《にまい》そろって
「1双《いっそう》」と数《かぞ》えるよ。
手《て》にはめるもの。

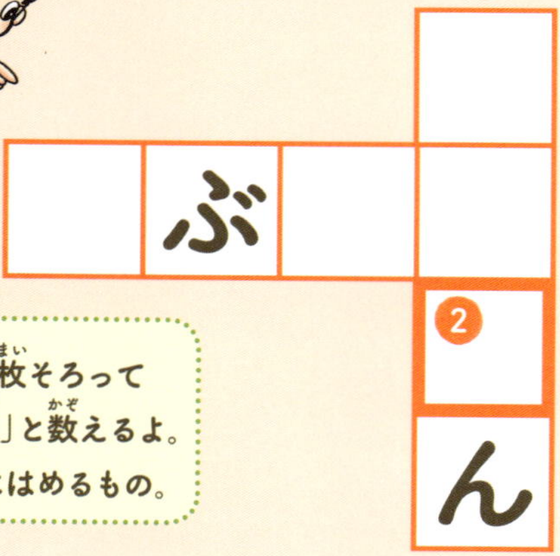


この絵《え》の中《なか》から答《こた》えを探《さが》そう。

ヒント

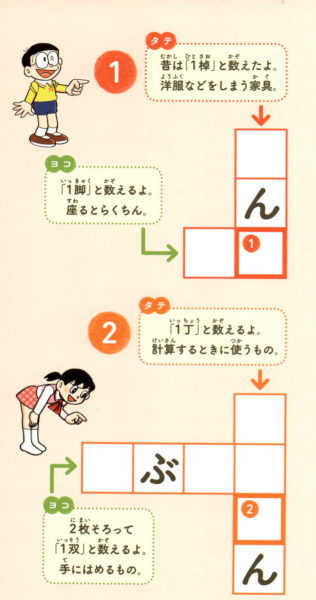

タテ

「1本《いっぽん》」と数《かぞ》えるよ。オムレツをひっくり返《かえ》すときに使《つか》うもの。

ヨコ

「1個《いっこ》」と数《かぞ》えるよ。学校《がっこう》へ行《い》くときに忘《わす》れたら大変《たいへん》!

3

ふ

3

る

が

え

し

タテ

左右《さゆう》の足《あし》に1枚《いちまい》ずつはいて「1足《いっそく》」と数《かぞ》えるよ。穴《あな》があいているとはずかしい!

4

く

4

ヨコ

2本《にほん》セットで「1膳《いちぜん》」と数《かぞ》えるよ。きみは上手《じょうず》に使《つか》えるかな?

タテ

「1台《いちだい》」と数《かぞ》えるよ。開《あ》けるとひ〜んやり。

5

れ

ど

5

ヨコ

「1本《いっぽん》」と数《かぞ》えるよ。うでにはめて使《つか》うよ。

最後《さいご》に1〜5の文字《もじ》を並《なら》べてみよう。

1 □ 2 □ 3 □ 4 □ 5 □ !

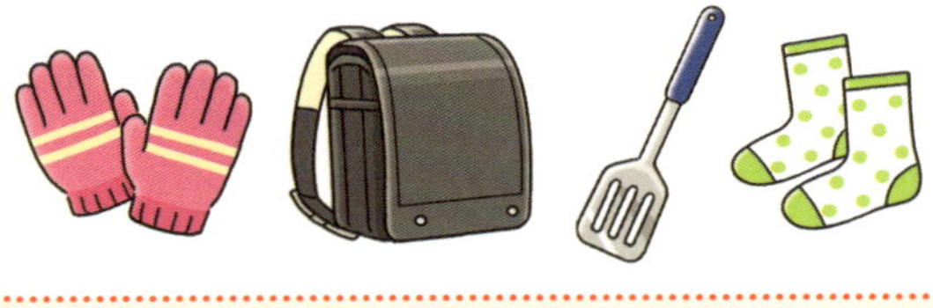

※答《こた》えは111ページだよ。

コラム3

数《かぞ》え方《かた》と豆知識《まめちしき》

# たんすの数《かぞ》え方《かた》

昔《むかし》ながらのたんすは「1棹《ひとさお》、2棹《ふたさお》」と数《かぞ》えます。「棹《さお》」は竹棹《たけざお》の「棹《さお》」です。たんすの材料《ざいりょう》に竹棹《たけざお》は使《つか》われていないのに、なぜこのように数《かぞ》えるのでしょうか。そのわけは、江戸時代《えどじだい》のたんすのサイズと運《はこ》び方《かた》を知《し》るとわかります。当時《とうじ》のたんすは今《いま》のものよりずっと小《ちい》さく、両《りょう》わきにじょうぶな金具《かなぐ》があって、こぶしを通《とお》せるほどの空間《くうかん》がありました。昔《むかし》の人《ひと》は、引《ひ》っこしや火事《かじ》のときなどには、そこに竹棹《たけざお》を通《とお》してかたにかついで大事《だいじ》なものを運《はこ》んだのです。たんすを運《はこ》ぶとき、竹棹《たけざお》が何本必要《なんぼんひつよう》かを考《かんが》えたことから、数《かぞ》え方《かた》が「棹《さお》」になりました。

よーし！ 竹棹《たけざお》で
かついで運《はこ》ぶぞー！

## 第《だい》4《よん》章《しょう》

# 外《そと》に出《で》て
# 数《かぞ》えてみよう

# 乗《の》り物《もの》の数《かぞ》え方《かた》

## ——空《そら》飛《と》ぶ鳥《とり》ロボットは、どう数《かぞ》えるの？

ギャアアアア!!
チュウ！
のび太《た》くん空《そら》へにげよう。
タケコプター!!
タケコプターはどう数《かぞ》えたらいいんだろう？
今《いま》まで考《かんが》えたことないな。なんだと思《おも》う？
これだけで空《そら》を飛《と》べる道具《どうぐ》だからきっと「1台《だい》」だね。
でもね、空《そら》を飛《と》ぶ乗《の》り物《もの》って「台《だい》」では数《かぞ》えないんだ。
そうなの？飛行機《ひこうき》も「台《だい》」かと思《おも》った。

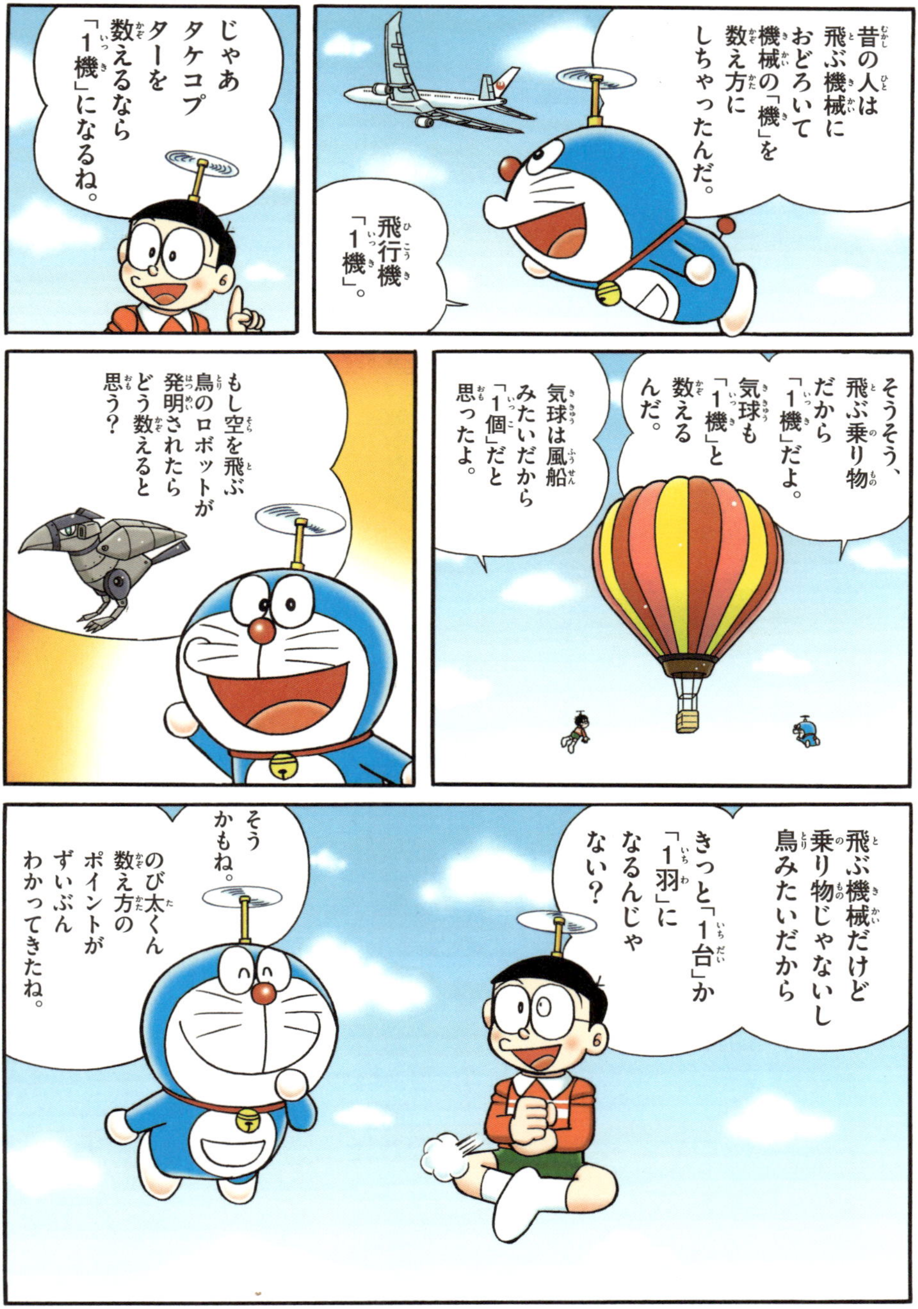
昔《むかし》の人《ひと》は飛《と》ぶ機械《きかい》におどろいて機械《きかい》の「機《き》」を数《かぞ》え方《かた》にしちゃったんだ。
飛行機《ひこうき》「1機《いっき》」。
じゃあタケコプターを数《かぞ》えるなら「1機《いっき》」になるね。
そうそう、飛《と》ぶ乗《の》り物《もの》だから「1機《いっき》」だよ。気球《ききゅう》も「1機《いっき》」と数《かぞ》えるんだ。
気球《ききゅう》は風船《ふうせん》みたいだから「1個《いっこ》」だと思《おも》ったよ。
もし空《そら》を飛《と》ぶ鳥《とり》のロボットが発明《はつめい》されたらどう数《かぞ》えると思《おも》う？
飛《と》ぶ機械《きかい》だけど乗《の》り物《もの》じゃないし鳥《とり》みたいだからきっと「1台《いちだい》」か「1羽《いちわ》」になるんじゃない？
そうかもね。のび太《た》くん数《かぞ》え方《かた》のポイントがずいぶんわかってきたね。

# 絵図鑑《えずかん》 乗《の》り物《もの》の数《かぞ》え方《かた》

スペースシャトル
1機《いっき》
宇宙《うちゅう》を飛《と》ぶ
乗《の》り物《もの》も1機《いっき》。
ロケット
1機《いっき》
ヘリコプター 1機《いっき》
電車《でんしゃ》 1両《いちりょう》
電車《でんしゃ》の運行数《うんこうすう》は 1本《いっぽん》
車《くるま》、トラック 1台《いちだい》
電車《でんしゃ》1本《いっぽん》
乗《の》りおくれちゃった！
バス 1台《いちだい》
水《みず》の乗《の》り物《もの》、
陸《りく》の乗《の》り物《もの》、
人《ひと》や物《もの》を空《そら》へ運《はこ》ぶもので、
数《かぞ》え方《かた》が分《わ》かれるんだ。
ボート 1艘《いっそう》

# 建物《たてもの》・施設《しせつ》の数《かぞ》え方《かた》

## ——空《そら》から町《まち》の中《なか》を数《かぞ》えてみよう

今日《きょう》は
空《そら》の上《うえ》から
いろんなものを
見《み》てみよう。
ほんと!
ぼく、数《かぞ》えたく
なっちゃうよ。
建物《たてもの》は
家《いえ》やお店《みせ》は「1軒《いっけん》」、
道《みち》や橋《はし》は
細長《ほそなが》いから
「1本《いっぽん》」だね。
あっ、
公園《こうえん》!
すべり台《だい》も
細《ほそ》いから
「1本《いっぽん》」だよね。
それは
ちがうよ。
すべり台《だい》や
ぶらんこは
公園《こうえん》に
すえつけてあって
動《うご》かせないもの
だから
「1《いっ》き」って
数《かぞ》えるんだ。
「き」って
飛行機《ひこうき》の数《かぞ》え方《かた》
だったよね。

ちがう字《じ》を書《か》くんだ。基本《きほん》の「基《き》」。動《うご》かせないものっていう意味《いみ》なんだよ。
遊具《ゆうぐ》のほかにも動《うご》かせないものはだいたい「1基《いっき》」って数《かぞ》えるんだ。信号機《しんごうき》とかエスカレーターもだよ。
へえ。
あ スネ夫《お》の家《いえ》!
大《おお》きい家《いえ》だなあ。
家《いえ》の数《かぞ》え方《かた》は「1軒《いっけん》」だったよね?
そうだけど…。
あれくらいりっぱな家《いえ》なら「1邸《いってい》」でいいかも。
りっぱな家《いえ》は数《かぞ》え方《かた》までちがうのか。
いいなあ。

# 絵図鑑《えずかん》 建物《たてもの》・施設《しせつ》の数《かぞ》え方《かた》

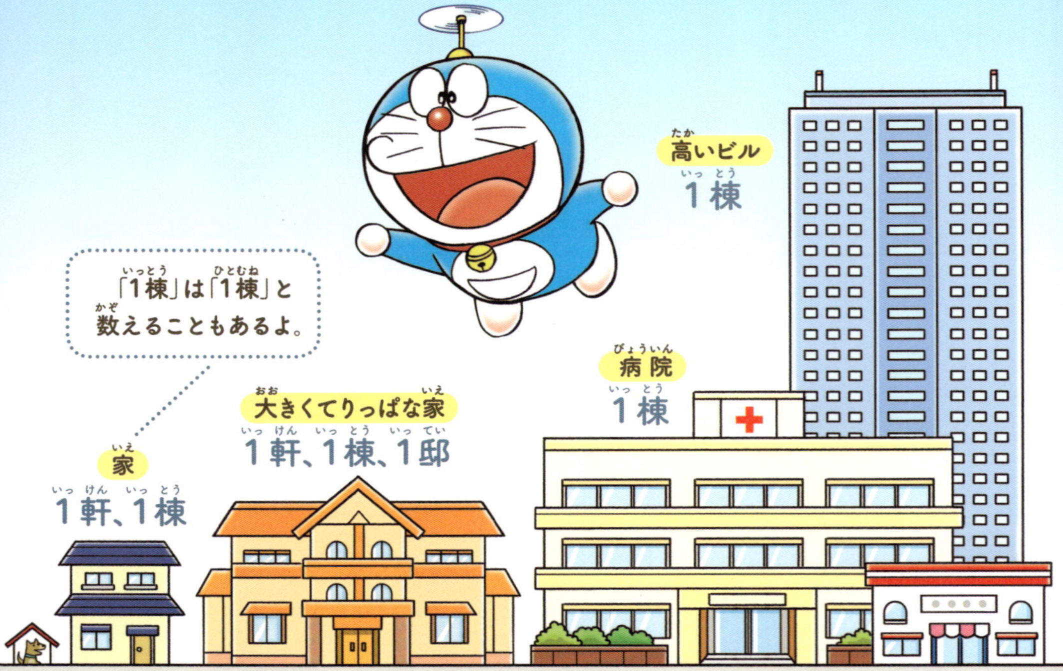


「1棟《いっとう》」は「1棟《ひとむね》」と
数《かぞ》えることもあるよ。

犬小屋《いぬごや》は
1軒《いっけん》だワン！

家《いえ》やお店《みせ》を数《かぞ》える
「軒《けん》」には、
「ひさし」の意味《いみ》が
あるんだよ。

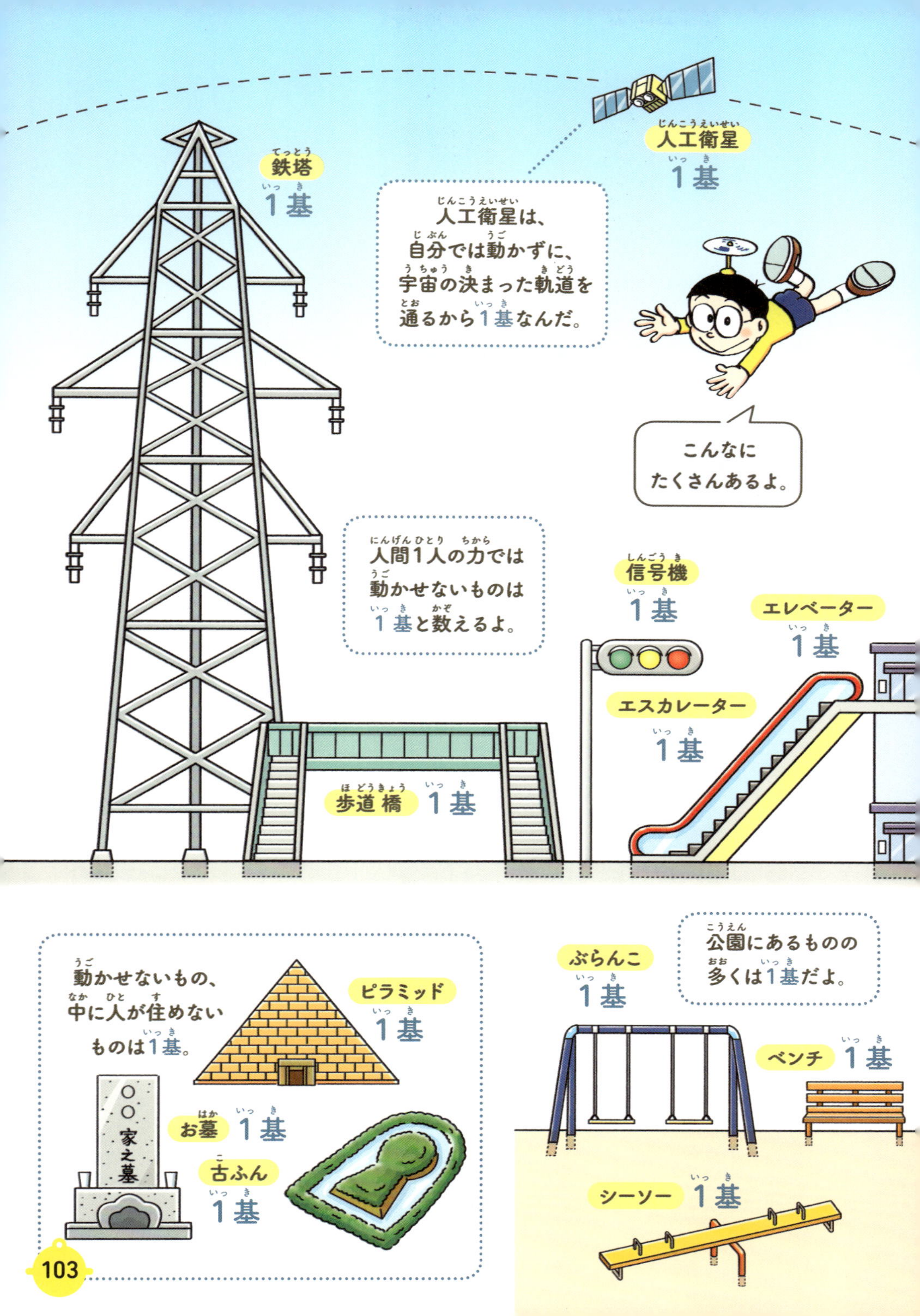
人工衛星《じんこうえいせい》
1基《いっき》
鉄塔《てっとう》
1基《いっき》
人工衛星《じんこうえいせい》は、自分《じぶん》では動《うご》かずに、宇宙《うちゅう》の決《き》まった軌道《きどう》を通《とお》るから1基《いっき》なんだ。
こんなにたくさんあるよ。
人間《にんげん》1人《ひとり》の力《ちから》では動《うご》かせないものは1基《いっき》と数《かぞ》えるよ。
信号機《しんごうき》
1基《いっき》
エレベーター
1基《いっき》
エスカレーター
1基《いっき》
歩道橋《ほどうきょう》 1基《いっき》
動《うご》かせないもの、中《なか》に人《ひと》が住《す》めないものは1基《いっき》。
ピラミッド
1基《いっき》
家之墓
お墓《はか》 1基《いっき》
古《こ》ふん
1基《いっき》
公園《こうえん》にあるものの多《おお》くは1基《いっき》だよ。
ぶらんこ
1基《いっき》
ベンチ 1基《いっき》
シーソー 1基《いっき》

# 自然《しぜん》の数《かぞ》え方《かた》

## ―― 雲《くも》の数《かぞ》え方《かた》いろいろ

ずいぶん上《うえ》まできたなあ。
雲《くも》がいっぱいだね。
のび太《た》くん雲《くも》も数《かぞ》えられるって知《し》ってた？
わかった！「1《ひと》ふわ」とか「2《に》もく」でしょ。
アハハ！ハハハ！
ごめんごめん。雲《くも》は形《かたち》によって数《かぞ》え方《かた》がちがうんだ。
例《たと》えばあの入道《にゅうどう》雲《ぐも》は？
入道《にゅうどう》という大《おお》きな人《ひと》が座《すわ》っているように見《み》えるから「1《いち》座《ざ》」って数《かぞ》えるんだ。

あっちの細長《ほそなが》い雲《くも》は？
あれは飛行機雲《ひこうきぐも》で「1筋《ひとすじ》」だね。
細長《ほそなが》いから「1本《いっぽん》」じゃないの？
雲《くも》は、形《かたち》があるように見《み》えるけど実際《じっさい》にはさわったりできないだろ。
スカッ
スカッ
細長《ほそなが》くてしっかりした形《かたち》があるものは「本《ほん》」。
細長《ほそなが》いけど消《き》えちゃうかもしれないものは「筋《すじ》」で数《かぞ》えるんだ。
あの工場《こうじょう》のけむりも「1筋《ひとすじ》」ってことか。
だめだのび太《た》くん。
ゲホゲホゲホ。
だからいったのに。
これじゃ「1筋《ひとすじ》」じゃなくて※「1煤《ひとすす》」だ。

※正《ただ》しい数《かぞ》え方《かた》ではありません。

# 絵図鑑《えずかん》 自然《しぜん》の数《かぞ》え方《かた》

空《そら》に1《ひと》つしかない
天体《てんたい》は数《かぞ》えないよ。
入道雲《にゅうどうぐも》
1座《いちざ》
入道《にゅうどう》が座《すわ》っている
ように見《み》えるから。
太陽《たいよう》は数《かぞ》えない。
飛行機雲《ひこうきぐも》
1筋《ひとすじ》
雲《くも》
1《ひと》つ、1塊《ひとかたまり》
筋雲《すじぐも》
1筋《ひとすじ》
にじ
1本《いっぽん》、1橋《いっきょう》
うろこ雲《ぐも》 1面《いちめん》
海《うみ》 1《ひと》つ
かみなりのいなずま
1筋《ひとすじ》
波《なみ》
1波《ひとなみ》
1雨《ひとあめ》降《ふ》って
水《みず》たまりが
1《ひと》つできたわ。
雪《ゆき》
1片《ひとひら》
雨《あめ》
1雨《ひとあめ》、
1降《ひとふ》り
水《みず》たまり
1《ひと》つ
風《かぜ》
1吹《ひとふ》き

月《つき》も数《かぞ》えない。
夜空《よぞら》の決《き》まった位置《いち》に
並《なら》んで座《すわ》っているから
1《いち》座《ざ》。
星座《せいざ》 1《いち》座《ざ》
星《ほし》 1《いっ》個《こ》
流《なが》れ星《ぼし》 1《ひと》筋《すじ》
高《たか》い山《やま》
1《いち》座《ざ》、1《いち》山《ざん》、
1《ひと》山《やま》
山《やま》の連《つら》なり 1《ひと》峰《みね》
滝《たき》 1《いっ》本《ぽん》
野原《のはら》 1《いち》面《めん》
小川《おがわ》 1《ひと》筋《すじ》
川《かわ》 1《いっ》本《ぽん》
1《いっ》句《く》できた!
湖《みずうみ》、池《いけ》 1《ひと》つ
水《みず》に映《うつ》れば
数《かぞ》えられる。
水《みず》に映《うつ》った月《つき》 1《ひと》つ

# 数《かぞ》え方《かた》まとめクイズ4

## 正《ただ》しい数《かぞ》え方《かた》の部屋《へや》を通《とお》ってゴールをめざせ！

数《かぞ》え方《かた》の迷宮迷路《めいきゅうめいろ》だよ。数《かぞ》え方《かた》が正《ただ》しい部屋《へや》を通《とお》ってスタートからゴールまで行《い》こう。一度《いちど》通《とお》った部屋《へや》は通《とお》れないよ

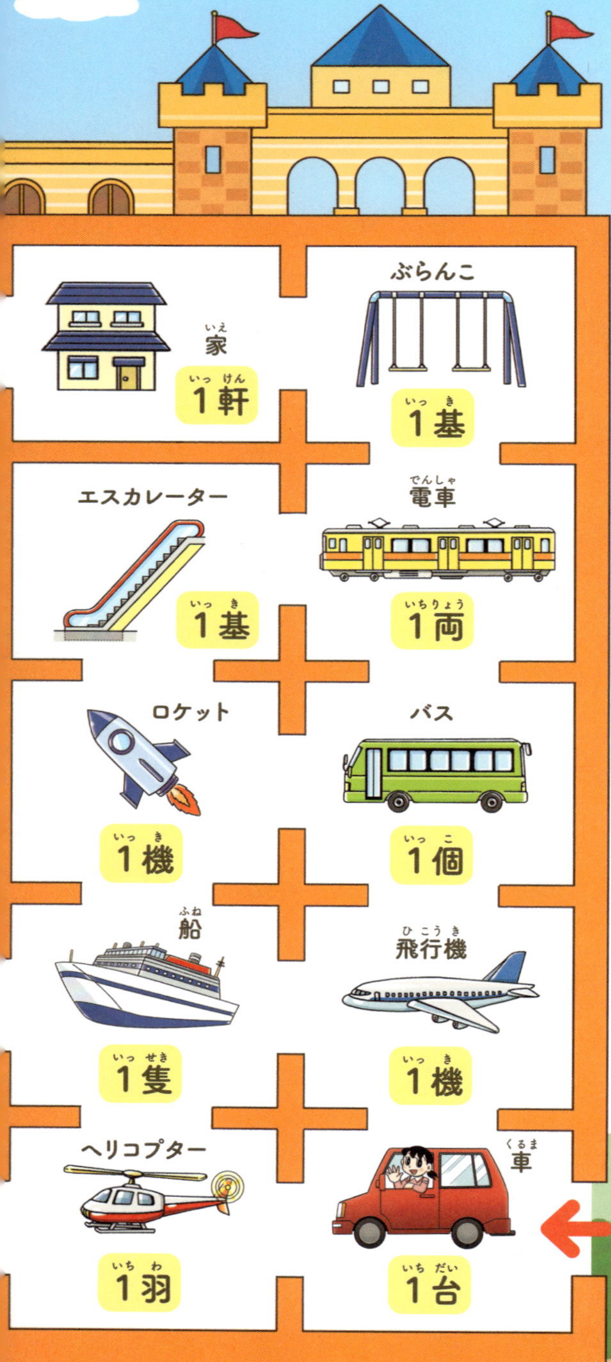

家《いえ》
1軒《いっけん》
ぶらんこ
1基《いっき》
エスカレーター
1基《いっき》
電車《でんしゃ》
1両《いちりょう》
ロケット
1機《いっき》
バス
1個《いっこ》
船《ふね》
1隻《いっせき》
飛行機《ひこうき》
1機《いっき》
ヘリコプター
1羽《いちわ》
車《くるま》
1台《いちだい》

スタート

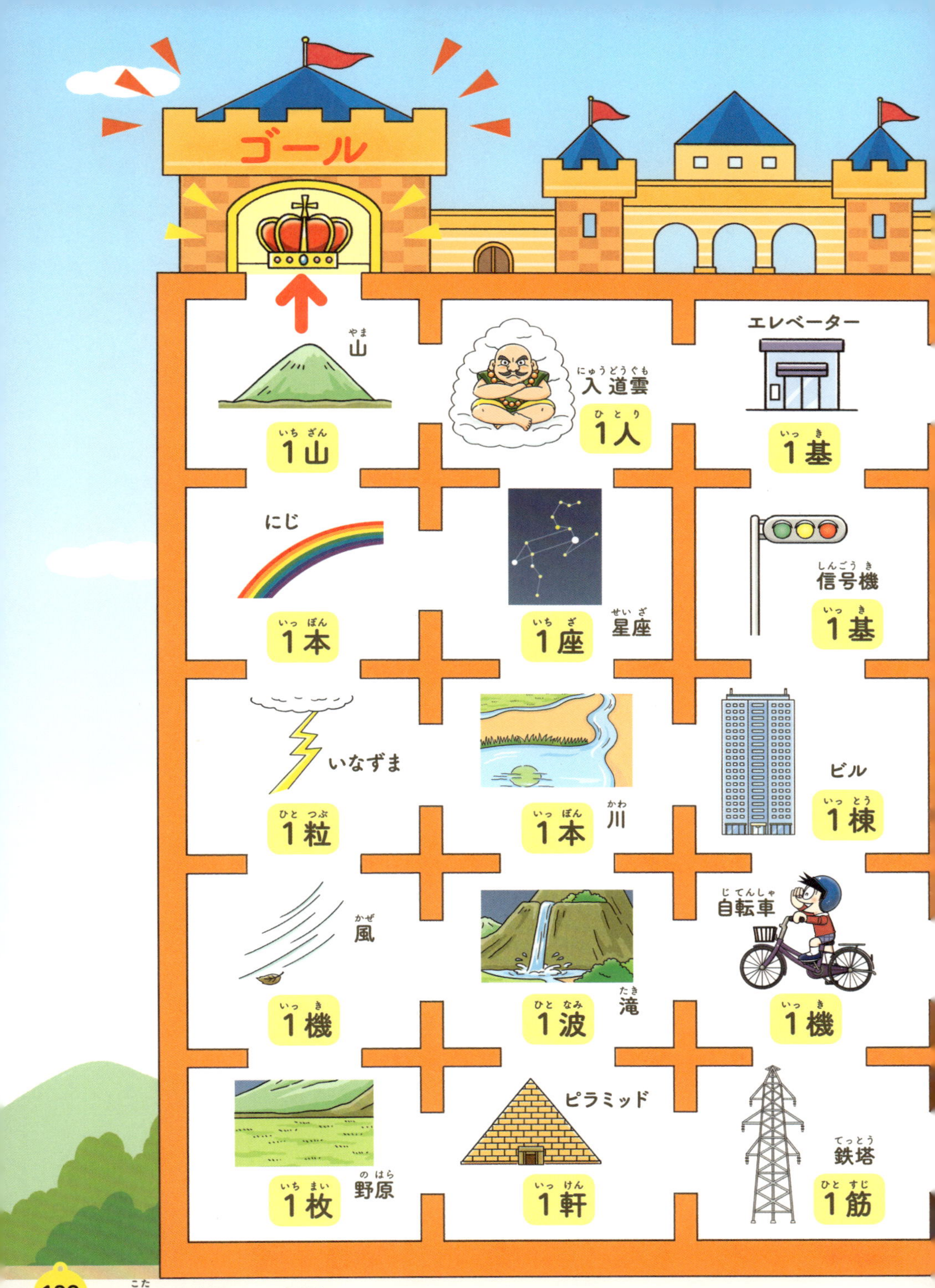



※答《こた》えは111ページだよ。

# おめでとう！

## これできみも
## 数《かぞ》え方《かた》名人《めいじん》
## だよ。

たくさんの数《かぞ》え方《かた》の世界《せかい》を
いっしょに探検《たんけん》してきたね。
この本《ほん》の中《なか》で
約《やく》100種類《しゅるい》の数《かぞ》え方《かた》を
覚《おぼ》えたよ。
全部《ぜんぶ》マスターした
きみはすごい!!

### 数《かぞ》え方《かた》名人《めいじん》
### 認定証《にんていしょう》

あなたは、
数《かぞ》え方《かた》のルールを
理解《りかい》して、
たくさんの数《かぞ》え方《かた》を
覚《おぼ》えたので、
名人《めいじん》と認定《にんてい》します。

ドラえもんより

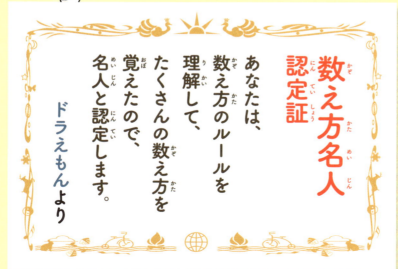

# 数《かぞ》え方《かた》まとめクイズの答《こた》え

68-69ページ

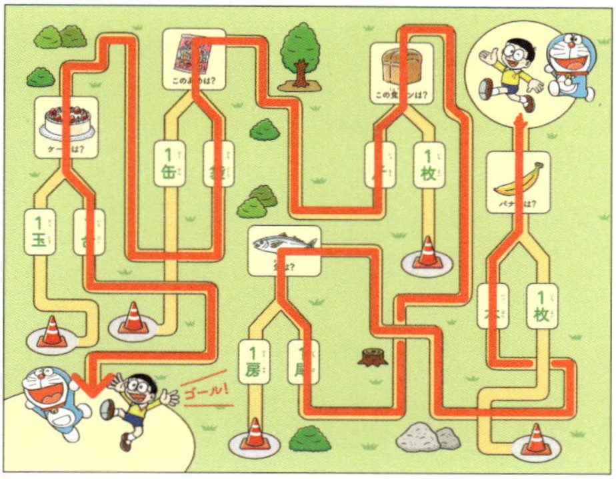


46-47ページ

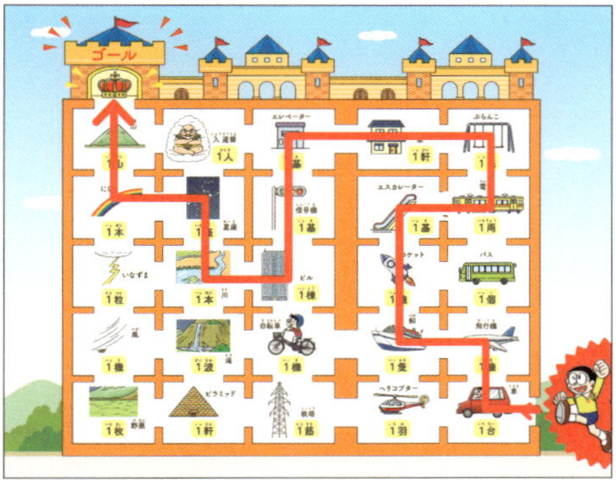


108-109ページ

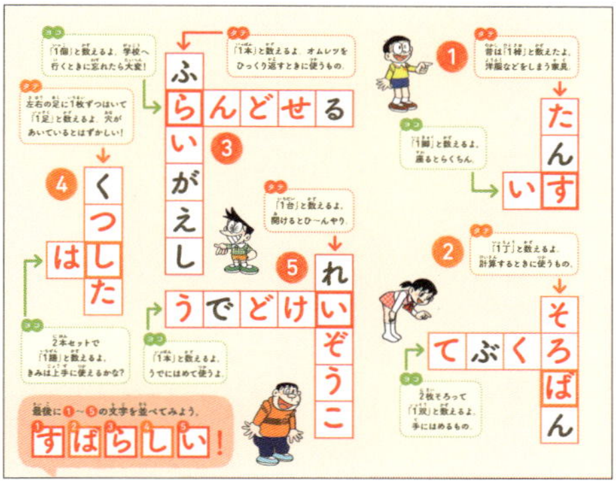


92-93ページ

**飯《いい》田《だ》朝《あさ》子《こ》**

1969年東京都生まれ。慶應義塾大学大学院修士課程を経て、1999年東京大学大学院言語学専門分野博士課程修了。『日本語主要助数詞の意味と用法』で博士（文学）取得。
現在は、中央大学教授として日本語意味論や商業言語学を教える。
著作に『数え方の辞典』『数え方もひとしお』『数え方クイズ100』（いずれも小学館）、『数え方でみがく日本語』（筑摩書房）、『数え方と単位の本』（学研）、『みんなでつくる1本の辞書』（福音館書店）、『日本の助数詞に親しむ－数える言葉の奥深さ－』（東邦出版）などがある。


# ドラえもん はじめての数《かぞ》え方《かた》


2018年　6月13日　初版第1刷発行
2024年　10月28日　　第6刷発行

| | |
|---|---|
| まんが原作 | 藤子・F・不二雄 |
| 著者 | 飯田朝子 |
| 発行人 | 北川吉隆 |
| 発行所 | 株式会社 小学館<br>〒101-8001 東京都千代田区一ツ橋2-3-1<br>電話 03-3230-5544（編集）<br>03-5281-3555（販売） |
| 印刷所 | 大日本印刷株式会社 |
| 製本所 | 株式会社若林製本工場 |
| まんが | くりはらみさき |
| ドラえもんイラスト | 藤子・F・不二雄、むぎわらしんたろう、くりはらみさき |
| イラスト | イトウソノコ（キャラクター以外） |
| 協力 | 藤子プロ |
| ブックデザイン | 細山田光宣、成冨チトセ、南 綾乃、横村 葵 |
| 編集協力 | 内山典子 |
| 編集 | 瀬島明子 |

ISBN978-4-09-501828-7